Desvendando os segredos da

LINGUAGEM CORPORAL

Desvendando os segredos da

LINGUAGEM CORPORAL

Allan & Barbara Pease

SEXTANTE

Título original: *The Definitive Book of Body Language*

tradução: Pedro Jorgensen Junior

preparo de originais: Regina da Veiga Pereira

revisão: Ana Grillo, José Tedin Pinto, Rita Godoy e Sérgio Bellinello Soares

diagramação: Valéria Teixeira

capa: Silvana Mattievich

impressão e acabamento: Lis Gráfica e Editora Ltda.

A bibliografia completa deste livro está disponível no site www.sextante.com.br, na página do livro *Desvendando os segredos da linguagem corporal.*

CIP-BRASIL. CATALOGAÇÃO NA PUBLICAÇÃO
SINDICATO NACIONAL DOS EDITORES DE LIVROS, RJ

P375d
Pease, Allan
Desvendando os segredos da linguagem corporal / Allan e Barbara Pease ; tradução Pedro Jorgensen Junior. – Rio de Janeiro: Sextante, 2005.
il.

Tradução de: The definitive book of body language
ISBN 85-7542-182-4

1. Comunicação não verbal. 2. Linguagem corporal. 3. Gestos. I. Pease, Barbara. II. Título.

05-2048. CDD 153.6
CDU 159.9:316.772.2

Rua Voluntários da Pátria, 45 – 14º andar – Botafogo
22270-000 – Rio de Janeiro – RJ
Tel.: (21) 2538-4100
E-mail: atendimento@sextante.com.br
www.sextante.com.br

Sumário

CAPÍTULO 6

CAPÍTULO 7

Introdução

Nas unhas do homem, nas mangas do seu paletó,
nos seus sapatos, nos joelhos da calça, nos calos do seu polegar
e do seu indicador, na sua expressão, nos punhos da sua camisa,
nos seus movimentos – em cada um desses traços a ocupação
de um homem se revela. É quase inconcebível que todos
esses traços reunidos não sejam suficientes para esclarecer,
em qualquer circunstância, o investigador competente.

SHERLOCK HOLMES, 1892

Quando menino, descobri que o que as pessoas diziam nem sempre correspondia ao que estavam pensando ou sentindo e que era possível conseguir que elas fizessem o que eu queria "lendo" seus sentimentos e respondendo de maneira apropriada às suas necessidades. Aos 11 anos, comecei minha carreira de vendedor oferecendo esponjas de porta em porta depois da aula, para ganhar um dinheirinho. Assim, aprendi rapidamente a calcular quem era ou não um provável comprador. Ao bater numa porta, se a pessoa me mandasse embora com as mãos abertas e as palmas à mostra, eu sabia que valia a pena insistir, porque, por mais que se mostrasse refratária, ela não estava sendo agressiva. Mas, se a pessoa me despachasse com uma voz suave e o dedo apontado ou a mão fechada, eu sabia que o jeito era ir embora mesmo.

Eu adorava ser vendedor e era muito bom nisso. Na adolescência, quando passei a vender utensílios de cozinha, trabalhando à noite, minha capacidade de "ler" as pessoas me rendeu dinheiro bastante para comprar minha primeira casa. A profissão de vendedor me dava oportunidade de encontrar pessoas, examiná-las e avaliar se comprariam ou não os meus produtos apenas observando a sua linguagem corporal. Esta habilidade era também muito útil para lidar com as garotas nas discotecas. Eu quase sempre era capaz de prever se elas diriam "sim" ou "não" quando as tirava para dançar.

Aos 20 anos, entrei para o ramo de seguros de vida e passei a bater todos os recordes de vendas para a firma onde trabalhava, tornando-me o mais jovem corretor a vender mais de um milhão de dólares em apólices no primeiro ano de trabalho. Para minha felicidade, foi possível transferir para este ramo de seguros as técnicas de leitura da linguagem corporal que eu aprendera quando garoto. Elas tiveram relação direta com o sucesso que consegui obter em todos os empreendimentos envolvendo pessoas nos quais me lancei.

Nem tudo é o que parece ser

Às vezes dizemos que conhecemos uma coisa "como a palma da nossa mão", mas pesquisas provam que menos de 5% das pessoas são capazes de identificar em fotografias as palmas das próprias mãos. O resultado de uma experiência simples que realizamos para um programa de televisão mostrou isso. Instalamos um grande espelho na parede de fundo do lobby de um hotel para dar às pessoas que entrassem a ilusão de que ele era atravessado por um grande corredor com uma entrada pelo outro lado. Penduramos no teto plantas grandes que caíam até uma distância de um metro e meio do solo, de maneira que quando uma pessoa entrasse teria a impressão de que uma outra estava entrando ao mesmo tempo pelo outro lado. A "outra pessoa" não era imediatamente reconhecível porque as plantas cobriam o seu rosto, mas dava para ver claramente o seu corpo e movimentos. Cada cliente que entrava tinha cinco ou seis segundos para observar o outro "hóspede" antes de virar à esquerda para se dirigir ao balcão de recepção. Quando perguntados se haviam reconhecido o outro "hóspede", 85% dos homens responderam que não. A maioria deles não foi capaz de se reconhecer no espelho. Um deles disse: "Você está falando daquele cara gordo e feio?" Não nos surpreendeu que 58% das mulheres tivessem dito que se tratava de um espelho e 30% que o outro lhes parecera "familiar".

A maioria dos homens e quase a metade das mulheres não sabem como se parecem do pescoço para baixo.

Você sabe identificar as contradições da linguagem corporal?

As pessoas desenvolveram um fascínio pela linguagem corporal dos políticos porque, como todo mundo sabe, às vezes os políticos fingem acreditar em coisas em que não acreditam ou tentam dar a impressão de que são o que na verdade não são. Passam boa parte do tempo se esquivando, fazendo rodeios, sendo evasivos, fingindo, mentindo, escondendo suas emoções e sentimentos, lançando cortinas de fumaça, jogando areia nos olhos das pessoas e acenando para amigos imaginários na multidão. Mas como sabemos instintivamente que eles acabarão tropeçando nos sinais contraditórios da linguagem corporal, nós os observamos atentamente na expectativa de pegá-los em flagrante.

Para um outro programa de televisão, fizemos uma experiência com a colaboração de uma agência de turismo local. Os turistas que entravam na agência para pedir informações sobre passeios e outras atrações eram conduzidos a um balcão para falar com o funcionário, um homem de cabelo louro e bigode, vestindo camisa branca e gravata. Depois de alguns minutos discutindo possíveis itinerários, o homem se abaixava para pegar alguns folhetos e desaparecia embaixo do balcão, de onde surgia um outro homem, de cabelo escuro, sem bigode e vestindo uma camisa azul, com os folhetos na mão. Este homem retomava a discussão no exato ponto em que havia sido interrompida pelo primeiro. Por incrível que pareça, cerca de metade dos turistas não percebia a mudança; os homens eram duas vezes mais propensos do que as mulheres a deixar passar despercebida a mudança, não apenas da linguagem corporal, mas da própria aparência externa do funcionário! A menos que possua uma capacidade inata ou tenha aprendido a ler a linguagem corporal, o mais provável é que você também não esteja percebendo muitas coisas. Este livro irá lhe mostrar o que você está perdendo.

Como este livro foi escrito

Barbara e eu escrevemos *Desvendando os segredos da linguagem corporal* tendo por base o meu livro *A linguagem do corpo*. Não apenas o expandimos consideravelmente, como também introduzimos pesquisas oriundas de novas disciplinas científicas, como a biologia e a psicologia evolucionistas. Utilizamos também a tecnologia da Imagem de Ressonância Magnética (IRM), que mostra o que acontece no nosso cérebro. O livro pode ser aberto e lido a partir de qualquer página. Restringimos o conteúdo basicamente aos movimentos corporais, expressões e gestos, porque essas são as coisas que você precisa aprender para extrair o máximo de informações de qualquer encontro frente a frente. Da mesma maneira, *Desvendando os segredos da linguagem corporal* tornará você mais consciente dos seus próprios sinais não verbais e lhe mostrará como usá-los para se comunicar de maneira eficaz e obter as reações que deseja.

Sempre haverá aqueles que, horrorizados, erguerão as mãos para o céu e dirão que o estudo da linguagem corporal é apenas mais uma forma de se usar o conhecimento científico para explorar e dominar as pessoas, lendo seus segredos e pensamentos.

Mas o que este livro lhe oferece, na verdade, são recursos para melhorar a sua capacidade de comunicação de maneira a lhe proporcionar um entendimento mais profundo das outras pessoas e de si mesmo. Saber como as coisas funcionam facilita a nossa convivência com os outros, ao passo que a ignorância e a incompreensão, fontes de medo e de preconceitos, nos tornam mais críticos em relação a eles. O conhecimento e o domínio da linguagem corporal servem para tornar cada contato nosso com as outras pessoas uma experiência mais estimulante.

O seu dicionário de linguagem corporal

Este livro pode ser usado em qualquer circunstância da sua vida – em casa, num encontro amoroso ou no trabalho. Produto de mais de 30 anos de experiência, *Desvendando os segredos da linguagem corporal* contém o "vocabulário" básico de que você precisa para ler atitudes e emoções. Ele lhe trará as respostas para algumas das mais enigmáticas indagações que você já se fez sobre por que as pessoas se comportam desta ou daquela maneira e mudará para sempre o seu próprio comportamento. Será como se você, depois de passar a vida inteira dentro de um quarto escuro onde podia tatear a porta, a mobília e os quadros na parede sem nunca poder vê-los, acendesse a luz e começasse finalmente a apreciá-los. Agora você saberá exatamente o que as coisas são, onde estão e o que fazer com elas.

Allan Pease

Capítulo 1

Para entender o básico

A leitura das atitudes e pensamentos expressos no comportamento das pessoas foi o primeiro sistema de comunicação usado pelo ser humano, muito antes do desenvolvimento da linguagem oral.

Antes da invenção do rádio, a maior parte da comunicação entre as pessoas era escrita e se fazia por meio de livros, cartas e jornais. Isto significa que políticos feios e maus oradores como Abraham Lincoln alcançavam sucesso sendo persistentes e escrevendo bons textos. A era do rádio deu oportunidade a pessoas dotadas de um bom domínio da linguagem oral, como Winston Churchill, que falava maravilhosamente bem, mas não era favorecido visualmente.

Os políticos de hoje em dia compreendem perfeitamente que a política é uma questão de aparência, razão pela qual a maioria deles recorre a consultores de linguagem corporal para ajudá-los a criar a imagem de sinceros, honestos e responsáveis, principalmente quando não são.

A maioria das pessoas acredita que a fala é ainda a nossa principal forma de comunicação. Em termos evolucionários, a fala só passou a fazer parte do nosso repertório de comunicação em tempos recentes, usada fundamentalmente para transmitir fatos e dados. Estima-se que ela tenha se desenvolvido há cerca de 2,5 milhões de anos, tempo durante o qual o nosso cérebro triplicou de tamanho. Antes disso, a linguagem corporal e os sons produzidos pela garganta eram as principais formas de transmissão de emoções e sentimentos humanos – e continuam sendo até hoje, embora a excessiva atenção dada às palavras faça com que sejamos profundamente desinformados a respeito da linguagem do corpo e da importância que ela tem em nossas vidas.

A linguagem falada, apesar disso, reconhece a importância da linguagem corporal para a nossa comunicação. Eis aqui algumas expressões que mostram isso:

Arranque essa tristeza do peito. Não fique de queixo caído.
Esteja ao alcance da mão. Tire esse peso dos ombros.
Dê um passo adiante. Entre de cabeça erguida.
Não seja cara de pau. Vê se não me enche o saco.
Que nariz empinado! Não empurre com a barriga.

No começo...

Os atores do cinema mudo, como Charles Chaplin, foram os pioneiros das técnicas de linguagem corporal, então o único modo de comunicação disponível na tela. A técnica de um ator era considerada boa ou má na medida em que ele fosse capaz de usar gestos e sinais corporais para se comunicar com o público. Com a popularização do cinema falado e a consequente perda de importância dos aspectos não verbais da representação, muitos atores do cinema mudo caíram na obscuridade. Só sobreviveram os que eram dotados de talentos verbais e não verbais.

Albert Mehrabian, pioneiro da pesquisa da linguagem corporal na década de 1950, apurou que em toda comunicação interpessoal cerca de 7% da mensagem é verbal (somente palavras), 38% é vocal (incluindo tom de voz, inflexão e outros sons) e 55% é não verbal.

A questão era o aspecto que você tinha
ao falar e não o que realmente dizia.

O antropólogo Ray Birdwhistell, pioneiro do estudo da comunicação não verbal, calculou que, em média, o indivíduo emite de 10 a 11 minutos de palavras por dia em sentenças com duração média de apenas 2,5 segundos e estimou também que somos capazes de fazer e reconhecer cerca de 250 mil expressões faciais.

Tal como Mehrabian, Birdwhistell descobriu que o componente verbal responde por menos de 35% das mensagens transmitidas numa conversação frente a frente; mais de 65% da comunicação é feita de maneira não verbal.

A análise de milhares de entrevistas e negociações de vendas gravadas durante as décadas de 1970 e 1980 nos mostrou que, no mundo dos negócios, a linguagem corporal responde por 60 a 80% das mensagens transmitidas na mesa de negociação e que as pessoas formam de 60 a 80% de sua opinião sobre um recém-chegado antes de completados os primeiros quatro minutos de conversa. Outros estudos mostram que, nas negociações por telefone, as pessoas que têm os argumentos mais fortes geralmente prevalecem, o que não acontece quando se negocia frente a frente, já que quase todo mundo toma suas decisões finais mais pelo que vê do que pelo que ouve.

Por que não se trata do que você diz

Embora não pareça politicamente correto fazer isso, quando somos apresentados a uma pessoa nós rapidamente a julgamos como sendo ou não simpática e adequada como potencial parceira sexual – e *não* são os olhos dela a primeira coisa que observamos.

A maioria dos pesquisadores hoje concorda que as palavras são usadas primordialmente para transmitir informações, ao passo que a linguagem corporal é usada para negociar atitudes interpessoais e, em alguns casos, como substituta das mensagens verbais. Por exemplo, quando uma mulher manda "aquele olhar" para um homem, está lhe transmitindo uma mensagem muito clara sem precisar abrir a boca.

Como qualquer outra espécie, somos ainda dominados por regras biológicas que controlam nossas ações, reações, linguagem corporal e gestos. O fascinante em tudo isso é que o animal humano raramente tem consciência de que suas posturas, movimentos e gestos podem contar uma história enquanto sua voz está contando outra.

Como a linguagem corporal revela nossas emoções e pensamentos

A linguagem do corpo é o reflexo externo do estado emocional da pessoa. Cada gesto ou movimento pode ser uma valiosa fonte de informação sobre a emoção que ela está sentindo num dado momento. Por exemplo: a mulher preocupada com uns quilinhos a mais nas coxas fica alisando o vestido; o homem incomodado com o fato de estar engordando puxa a dobra da pele sob o queixo; a pessoa receosa ou defensiva cruza os braços e/ou as pernas; o homem que evita ficar olhando para os seios fartos da mulher com quem está conversando faz gestos inconscientes de tateá-los com as mãos.

O segredo da leitura da linguagem corporal está na capacidade de captar o estado emocional de uma pessoa escutando o que ela diz e observando seus gestos e atitudes. A nossa época tem uma verdadeira obsessão pela palavra falada e pela capacidade de comunicação oral. Mas é interessantíssimo notar a contradição entre o discurso falado e o transmitido pelo corpo. Um político americano defendia certa vez o aumento dos salários dos políticos comparando seus vencimentos aos dos executivos das grandes empresas. Ele dizia que os salários dos executivos haviam crescido muito e que os aumentos propostos para os políticos eram relativamente pequenos. No entanto, toda vez que mencionava os vencimentos dos políticos, ele abria os braços com as mãos a um metro de distância uma da outra. Quando falava dos salários dos executivos, suas mãos ficavam a uma distância de 30 centímetros. A distância entre suas mãos revelava que ele sabia que os políticos estavam obtendo muito mais do que queriam admitir.

Por que as mulheres percebem mais

Quando dizemos que alguém é "perceptivo" ou "intuitivo", estamos, sem saber, nos referindo à sua capacidade de ler os sinais da linguagem corporal das outras pessoas e compará-los aos sinais verbais. Em outras palavras, quando um "palpite" ou "alguma coisa lá dentro" nos diz que uma pessoa está mentindo, geralmente é porque percebemos que as palavras ditas por ela não condizem com a sua linguagem corporal. Quando as pessoas de uma plateia estão sentadas em suas cadeiras com o queixo abaixado e os braços cruzados sobre o peito, o orador "perceptivo" tem um palpite de que seu discurso não está tendo boa receptividade. Ele compreende que precisa mudar de enfoque para conquistar o interesse do público. O orador "não perceptivo" vai em frente sem prestar atenção à reação negativa da plateia.

"Perceptiva" é a pessoa capaz de identificar as contradições entre o discurso de alguém e a sua linguagem corporal.

No cômputo geral, as mulheres são muito mais perceptivas do que os homens. É o que se costuma chamar de "intuição feminina". As mulheres têm uma capacidade inata de captar e decifrar os sinais não verbais, assim como um olhar atento para os pequenos detalhes. É por isso que poucos maridos conseguem mentir para suas esposas sem serem apanhados e, inversamente, a maioria das mulheres consegue enganar os homens sem que eles percebam.

Pesquisas de psicólogos da Universidade de Harvard demonstraram que as mulheres são muito mais atentas à linguagem corporal do que os homens. Filmes de curta duração mostrando diálogos entre homens e mulheres foram exibidos com o som desligado a voluntários solicitados a decifrar o que estava acontecendo por meio da leitura das expressões do casal. O resultado da pesquisa foi que as mulheres fizeram leituras precisas da situação em 87% dos casos contra 42% de acerto dos homens. A intuição feminina é particularmente visível em mulheres que já tiveram filhos: nos primeiros anos, a mãe recorre quase que exclusivamente ao canal não verbal para se comunicar com a criança. É por isso, também, que as mulheres muitas vezes negociam com mais acerto do que os homens: elas praticam desde cedo a leitura de sinais.

O que mostram as imagens do cérebro

Devido à sua organização cerebral, a maioria das mulheres supera todos os homens do planeta em termos de capacidade de comunicação. As Imagens de Ressonância Magnética (IRM) mostram claramente por que as mulheres têm muito mais capacidade de se comunicar e avaliar as pessoas do que os homens. Elas utilizam de 14 a 16 áreas do cérebro para avaliar o comportamento das pessoas, contra quatro a seis áreas no caso dos homens. Isso explica por que a mulher é capaz de ir a um jantar e avaliar rapidamente o estado dos relacionamentos dos casais presentes – quem teve uma briga, quem gosta de quem, e assim por diante. Explica também por que, do ponto de vista da mulher, os homens não parecem falar muito e por que, do ponto de vista do homem, as mulheres parecem não conseguir calar a boca.

Como mostramos em *Por que os homens fazem sexo e as mulheres fazem amor?*, o cérebro feminino é organizado para funcionar em trilhas múltiplas – a mulher média é capaz de tratar de dois ou três assuntos não relacionados ao mesmo tempo. Consegue assistir a um programa de televisão enquanto conversa ao telefone e escuta uma outra conversa às suas costas, tudo isso enquanto bebe uma xícara de café. É capaz de falar de vários assuntos desconexos numa única conversa e usa cinco tons de voz diferentes para mudar de assunto e enfatizar aspectos de uma questão. É por isso que os homens costumam perder o fio da meada quando as mulheres tentam se comunicar com eles.

Estudos mostram que as pessoas que se apoiam nos sinais visuais presentes na conversação direta para avaliar o comportamento das outras têm mais chances de julgar com precisão do que aquelas que se apoiam exclusivamente na própria intuição. Os sinais se encontram na linguagem corporal da pessoa analisada. As mulheres são capazes de percebê-los por meio do subconsciente, mas qualquer pessoa pode aprender a lê-los conscientemente. É disso que trata este livro.

Como é que os videntes sabem tanto

Se você já consultou um vidente, provavelmente saiu assombrado com as coisas que ele sabia a seu respeito – coisas que ninguém poderia saber. Você saiu convencido de que se tratava de um paranormal, certo?

Pesquisas realizadas mostram que os videntes usam uma técnica conhecida como "leitura a frio", capaz de proporcionar uma precisão de cerca de 80% quando se "lê" uma pessoa desconhecida. Ainda que possa parecer mágica, trata-se simplesmente de um processo baseado na observação atenta dos sinais da linguagem corporal, aliado ao entendimento da natureza humana e ao conhecimento de probabilidades estatísticas. Médiuns, leitores de cartas de tarô, astrólogos e quiromantes utilizam essa técnica para reunir informações sobre o "cliente". Por não terem plena consciência de sua capacidade de ler sinais não verbais, muitos praticantes da "leitura a frio" acabam se convencendo de que têm poderes mediúnicos. Tudo isso contribui para um desempenho convincente, ajudado pelo fato de que as pessoas que consultam "paranormais" geralmente confiam que o resultado será positivo. Junte-se um baralho de cartas de tarô, uma ou duas bolas de cristal e um pouco de teatro, e o cenário está montado para uma sessão de leitura de sinais da linguagem corporal capaz de convencer até o mais empedernido dos céticos de que forças estranhas e mágicas estão em ação. No final, tudo se resume à capacidade do vidente de decodificar, junto com as informações obtidas da simples observação da aparência do cliente, as reações deste às suas afirmações. A maioria dos "paranormais" são mulheres, porque, como já dissemos, elas possuem recursos cerebrais adicionais que lhes permitem ler tanto os sinais corporais dos bebês quanto o estado emocional das pessoas.

Inato, genético ou culturalmente adquirido?

Ao cruzar os braços sobre o peito, você coloca o esquerdo sobre o direito ou o direito sobre o esquerdo? A maioria das pessoas precisa experimentar para saber. Cruze os braços sobre o peito agora mesmo e tente inverter a posição rapidamente. Você se sentirá confortável com a primeira forma, mas a segunda lhe parecerá bastante estranha. As evidências indicam que este talvez seja um gesto de origem genética que não pode ser alterado.

Setenta por cento das pessoas cruzam o braço esquerdo sobre o direito.

Muitas pesquisas já foram feitas para descobrir se os sinais não verbais são inatos, aprendidos, geneticamente transferidos ou adquiridos de alguma outra forma. Evidências foram colhidas observando-se os cegos (que não podem aprender sinais não verbais por canais visuais), analisando-se o comportamento gestual de pessoas de diferentes culturas ao redor do mundo e estudando-se o comportamento de nossos parentes antropológicos mais próximos, os chimpanzés e os macacos.

As conclusões das pesquisas indicam uma certa coleção de

gestos em cada uma dessas categorias. Por exemplo, a maioria dos bebês primatas nasce sabendo sugar, o que demonstra o caráter inato ou genético deste gesto. O cientista alemão Eibl-Eibesfeldt descobriu que as expressões risonhas das crianças nascidas surdas e cegas ocorrem independentemente de aprendizado ou imitação, o que significa que devem ser gestos inatos. Ekman, Friesen e Sorenson sustentaram algumas das crenças originais de Darwin sobre os gestos inatos ao descobrir, estudando as expressões faciais de pessoas oriundas de cinco culturas bastante diferentes, que todas usavam os mesmos gestos faciais para manifestar emoções, o que os levou à conclusão de que esses gestos também devem ser inatos.

Apesar das imensas diferenças culturais, os sinais básicos da linguagem corporal são os mesmos em todos os lugares.

Ainda se discute se alguns gestos são culturalmente adquiridos e se tornam habituais ou se são genéticos. Por exemplo, a maioria dos homens veste o paletó enfiando primeiro o braço direito; a maioria das mulheres, o braço esquerdo. Isto mostra que os homens usam o hemisfério esquerdo do cérebro e as mulheres, o hemisfério direito para executar esta ação. Ao cruzar com uma mulher numa rua movimentada, o homem geralmente vira o corpo em sua direção enquanto ela passa; ela instintivamente vira para o outro lado para proteger os seios. Será uma reação feminina inata ou ela o terá aprendido observando inconscientemente as outras mulheres?

Alguns sinais básicos

A maior parte dos sinais básicos da comunicação é a mesma em todo o mundo. Quando as pessoas estão felizes, sorriem; quando estão tristes ou zangadas, franzem as sobrancelhas ou fazem cara feia. Mover a cabeça para baixo é um gesto quase que universalmente utilizado para indicar "sim". Este gesto é provavelmente inato, por ser também usado por pessoas cegas de nascença. Balançar a cabeça de um lado para o outro para indicar "não" é também um gesto universal que provavelmente se aprende na infância. Quando já se fartou de mamar, o bebê vira a cabeça de um lado para o outro para rejeitar o seio da mãe. A criança pequena, quando não quer mais comer, balança a cabeça de um lado para o outro para impedir que a colher lhe seja enfiada na boca. E assim ela aprende rapidamente a balançar a cabeça para mostrar desacordo ou atitude negativa.

Assim como ocorre com a linguagem verbal, alguns sinais corporais variam de uma cultura para outra. Um gesto que em determinada cultura é usual e tem uma clara interpretação pode não ser relevante ou até ter um significado completamente diferente em outra.

Três regras para uma leitura precisa

O que você vê e ouve numa situação qualquer não reflete necessariamente as reais atitudes das pessoas. Existem três regras básicas para se fazer uma interpretação correta.

Regra 1. Leia os gestos em grupos

Um dos erros mais graves que um aprendiz de linguagem corporal pode cometer é interpretar um gesto isolando-o de outros e das circunstâncias. Coçar a cabeça, por exemplo, pode significar várias coisas – suor, incerteza, caspa, piolho, esquecimento ou mentira –, dependendo dos outros gestos que venham a seguir. Assim como a linguagem falada, a linguagem corporal tem palavras, frases e pontuação. Um gesto é como uma palavra – pode ter vários significados diferentes.

É somente quando aparecem ao lado de outras, formando frases, que as palavras adquirem o seu real significado. Os gestos também: eles aparecem no que chamamos de "grupos gestuais", que sempre revelam a verdade sobre os sentimentos e atitudes das pessoas. Da mesma forma como acontece nas sentenças verbais, os grupos de linguagem corporal precisam de pelo menos três gestos para se poder definir com precisão o significado de cada um. A pessoa "perceptiva" é aquela capaz de ler as frases da linguagem corporal e compará-las com o que a pessoa diz verbalmente.

Coçar a cabeça pode significar incerteza, mas é também sinal de caspa. Ou de piolho.

Observe sempre, portanto, o grupo gestual para fazer a leitura correta. Todos fazemos certos gestos repetitivos que revelam se estamos entediados ou sob pressão. Alisar ou enrolar o cabelo continuamente é um conhecido exemplo desse estado emocional. Isolado de outros, porém, esse gesto provavelmente significa que a pessoa está em dúvida ou ansiosa. Nós acariciamos a cabeça ou o cabelo porque esta é a forma como nossas mães nos confortavam quando éramos crianças.

Para demonstrar a noção de grupos gestuais, mostramos a seguir um exemplo chamado de *avaliação crítica* que as pessoas usam quando não estão satisfeitas com o que ouvem:

Você está perdendo pontos com este cara

O principal sinal é a mão no rosto com o indicador apontado para cima enquanto outro dedo cobre a boca e o polegar apoia o queixo. Os indícios adicionais de que esse ouvinte está tendo pensamentos críticos a respeito do que ouve são as pernas firmemente cruzadas, o braço passado sobre o estômago (postura defensiva) e a cabeça e o queixo inclinados para baixo (negatividade/hostilidade). Esta "frase" corporal diz qualquer coisa como "eu não gosto do que você está dizendo", "eu discordo" ou "estou segurando meus sentimentos negativos".

Regra 2. Fique de olho na coerência

As pesquisas mostram que os sinais não verbais têm um efeito cinco vezes maior do que as palavras pronunciadas e que quando não há coerência entre uns e outros as pessoas – principalmente as mulheres – dão mais importância à mensagem não verbal e desconsideram o conteúdo transmitido oralmente.

Se você, como orador, pedisse ao ouvinte acima descrito para opinar sobre algo que você falou, e ele respondesse que *concorda* com o que você disse, o mais provável é que estivesse mentindo por causa da incoerência entre suas palavras e seus gestos.

As mulheres tendem a ignorar as palavras que entram em conflito com a mensagem corporal da pessoa que fala.

Você acreditaria num político que pregasse tolerância e compaixão dando socos na mesa? Sigmund Freud relatou o caso de uma paciente que expressava verbalmente a felicidade do seu casamento fazendo repetidamente o gesto de tirar e recolocar a aliança no dedo. Como compreendia o significado desse gesto inconsciente, Freud não se surpreendeu quando os problemas do casamento de sua paciente vieram à tona.

A observação dos grupos gestuais e da coerência entre as

mensagens verbais e gestuais é a chave para a interpretação correta das atitudes por meio da linguagem corporal.

Regra 3. Leve em conta o contexto

Todo gesto deve ser considerado no contexto em que ocorre. Uma pessoa sentada num ponto de ônibus com as pernas e os braços firmemente cruzados e o queixo abaixado num dia de inverno provavelmente está com frio, e não numa atitude defensiva. Mas se essa pessoa adota a mesma postura quando você está tentando convencê-la de uma ideia, produto ou serviço, possivelmente ela está discordando ou rejeitando sua proposta.

Neste livro, todos os gestos da linguagem corporal serão analisados em seu contexto e, sempre que possível, em grupos gestuais.

Por que é tão fácil equivocar-se na leitura

Uma pessoa cujo aperto de mão é mole ou vacilante – principalmente se for homem – muito provavelmente será vista como alguém de caráter fraco. No capítulo sobre as técnicas de aperto de mão discutiremos as razões deste fato. Mas uma pessoa que sofra de artrite nas mãos provavelmente dará um aperto de mão suave para se proteger da dor. Artistas, músicos, cirurgiões e todas as pessoas cuja profissão, por natureza delicada, requer o uso das mãos, em geral, preferem dar apertos menos vigorosos para protegê-las.

Pessoas que usam roupas justas têm dificuldade para executar certos movimentos, o que pode afetar a sua linguagem corporal. Os obesos, por exemplo, não conseguem cruzar as pernas. Mulheres que usam saia curta costumam sentar-se com as pernas firmemente cruzadas, dando a impressão de serem menos acessíveis, o que fará com que sejam menos tiradas para dançar em casas noturnas. São circunstâncias aplicáveis a uma minoria, mas que mostram a importância de se considerar o efeito que as restrições ou deficiências físicas das pessoas podem exercer sobre os movimentos do corpo.

Por que é mais fácil ler as crianças

É mais difícil ler os sinais emitidos pelas pessoas idosas do que pelas mais novas, pois as primeiras têm menos tônus muscular no rosto.

A velocidade de certos gestos e a clareza com que eles se manifestam ao observador têm relação direta com a idade. Um bom exemplo é o reflexo das crianças pequenas de tapar imediatamente a boca com uma ou ambas as mãos quando contam uma mentira.

O ato de cobrir a boca com a mão é um gesto que permanece com a pessoa ao longo da vida, geralmente variando apenas na velocidade com que é executado. O adolescente, quando conta uma mentira, leva a mão à boca de uma maneira bastante parecida com a de uma criança de 5 anos, só que, em vez do gesto óbvio de botar a mão sobre a boca, ele passa levemente os dedos ao redor dos lábios.

Criança contando mentira

O gesto básico de tapar a boca torna-se ainda mais rápido na idade adulta. Quando um adulto diz uma mentira, é como se o seu cérebro instruísse a mão para tapar a boca na tentativa de bloquear as palavras insinceras, da mesma forma como acontece com o adolescente e a criança. No último momento, porém, a mão se afasta do rosto e o gesto resultante é o de tocar o nariz – a versão adulta do movimento de tapar a boca usado na infância.

O gesto de Bill Clinton mentindo sobre seu caso com Monica Lewinsky diante do Grande Júri foi exatamente esse.

Isto mostra que, à medida que as pessoas ficam mais velhas, seus gestos se tornam mais sutis e menos óbvios, razão pela qual é mais difícil ler os gestos de uma pessoa de 50 anos do que os de uma criança de 5.

Adolescente contando mentira

É possível simular?

É comum nos perguntarem: "A linguagem corporal pode ser simulada?" Em geral, a resposta é "não", devido à falta de coerência que tende a ocorrer entre os gestos principais, os microssinais do corpo e o discurso oral. As mãos espalmadas, por exemplo, são associadas à sinceridade, mas se o enganador abre as mãos e sorri para você no momento em que diz uma mentira, seus microgestos podem entregá-lo. A contração das pupilas, a sobrancelha erguida ou um leve tremor no canto da boca são sinais que contradizem o gesto da mão espalmada e o sorriso sincero. O resultado é que os interlocutores, especialmente as mulheres, tendem a não acreditar no que estão ouvindo.

É mais fácil simular a linguagem corporal para os homens do que para as mulheres, sobretudo porque os homens não são bons leitores.

Uma história real: a mentira do candidato ao emprego

Ao explicar as razões pelas quais havia deixado o emprego anterior, um homem que entrevistávamos disse que a firma não lhe oferecia boas perspectivas de futuro. Acrescentou que fora uma decisão difícil, uma vez que ele se dava muito bem com os colegas de trabalho. Quando fomos analisar a reunião, uma das entrevistadoras disse ter tido uma "intuição" de que o candidato estava mentindo e que nutria sentimentos negativos a respeito do ex-patrão, apesar de elogiá-lo o tempo todo. Ao repassar a entrevista no vídeo em câmara lenta, percebemos que toda vez que o candidato mencionava o seu ex-chefe, um esgar fugidio aparecia no lado esquerdo do seu rosto. Esses sinais contraditórios que aparecem durante uma fração de segundo no rosto de uma pessoa às vezes não são percebidos pelo observador não treinado. Ao telefonarmos para o seu ex-patrão, descobrimos que o candidato fora demitido por vender drogas aos colegas de trabalho. Por mais que o sujeito tenha tentado simular uma linguagem corporal confiante, seu microgestual contraditório o denunciou à nossa entrevistadora.

Distinguir os gestos verdadeiros dos falsos é o segredo para se perceber a diferença da pessoa sincera da mentirosa ou do impostor. A dilatação das pupilas, o suor e o rubor das faces são sinais que não podem ser conscientemente simulados; as mãos espalmadas para fingir honestidade é gesto fácil de aprender.

Os mentirosos só conseguem simular por pouco tempo.

Há, no entanto, alguns casos em que a linguagem corporal é deliberadamente simulada para a obtenção de benefícios. É o caso das candidatas aos concursos de Miss Mundo e Miss Universo, cujos movimentos corporais são cuidadosamente estudados e aprendidos para causar impressão de simpatia e sinceridade, ganhando assim pontos dos jurados. Mas até as candidatas mais experientes só conseguem simular a linguagem corporal durante um curto período, pois depois de um certo tempo o corpo começa a mostrar sinais contraditórios que ocorrem independentemente das ações conscientes. Preocupados em fazer os eleitores acreditarem no que estão dizendo, muitos políticos se tornam peritos na simulação da linguagem corporal. Os que conseguem fazê-lo com sucesso – como John F. Kennedy e Adolf Hitler – são considerados "carismáticos".

Embora seja difícil simular a linguagem corporal durante um longo período, é importante aprender – como veremos mais à frente – a usá-la de forma positiva para se comunicar, eliminando sinais negativos que possam transmitir mensagens indesejadas. Deste modo, seu convívio com as pessoas se torna muito mais agradável, o que é um dos objetivos deste livro.

Como se tornar um grande leitor

Reserve pelo menos cinco minutos diários para estudar a linguagem corporal das outras pessoas e adquirir consciência de seus próprios gestos. Os melhores locais dessa leitura são os ambientes onde as pessoas se encontram e interagem. Os aeroportos são lugares especialmente adequados à observação de uma imensa variedade de gestos humanos, pois nesses locais as pessoas expressam ansiedade, raiva, tristeza, felicidade, impaciência e muitas outras emoções. Atividades sociais, reuniões de negócios e festas também são excelentes. Quando você se tornar perito na arte de ler a linguagem do corpo, será capaz de se divertir uma noite inteira numa festa sentado num canto observando os rituais de linguagem corporal das outras pessoas.

O fascínio pela palavra levou as pessoas a perderem muito da capacidade de ler os sinais corporais.

A televisão é outro excelente terreno de leitura. Abaixe o som e tente entender o que está acontecendo olhando somente as imagens. Aumente o som de vez em quando para checar a precisão das suas leituras não verbais e em pouco tempo você poderá assistir a programas inteiros sem som algum e entender o que está acontecendo, como fazem os surdos.

A capacidade de ler os sinais da linguagem do corpo não apenas faz de você uma pessoa mais consciente e atenta para as tentativas de dominação e manipulação por parte das outras pessoas como também lhe ensina a ser mais sensível com as emoções e sentimentos alheios.

Acabamos, portanto, de testemunhar o surgimento de um novo tipo de cientista social – o observador da linguagem corporal. É um estudioso do comportamento que quer aprender sobre as atitudes de seus semelhantes não apenas para melhorar seu relacionamento com eles, mas também para saber mais sobre si mesmo.

Capítulo 2

O poder está em suas mãos

Como as palmas das mãos e os apertos de mão são usados para controlar

Era o primeiro dia de Adam em seu novo emprego numa empresa de relações públicas, e ele queria causar boa impressão. Cada colega que lhe apresentavam era saudado com um largo sorriso e um entusiástico aperto de mão. Com 1,90 m de altura, bem-apessoado e bem-vestido, Adam parecia mesmo um bem-sucedido profissional de relações públicas. Tal como aprendera com seu pai, cumprimentava todas as pessoas com um firme aperto de mão, tão firme que deixou doloridas as mãos de várias delas. Os homens tentavam retribuir com um aperto de mão parecido – é assim que os homens fazem. As mulheres, que sofriam caladas, apenas sussurravam entre si: "Fique longe desse cara novo, o Adam – ele acaba com a mão da gente!" Os homens não diziam nada, mas as mulheres o evitavam. E metade dos diretores da firma eram mulheres.

As mãos são a ferramenta mais importante da evolução humana. O cérebro tem mais conexões com as mãos do que com qualquer outra parte do corpo. Mas são raras as pessoas que pensam no comportamento das próprias mãos, ou em como apertam as mãos dos outros ao cumprimentá-los, apesar de este ser um gesto responsável por definir se o que vai se estabelecer é uma relação de dominação, de submissão ou um jogo de poder. Ao longo da história, as mãos espalmadas têm sido associadas à verdade, à honestidade, à fidelidade e à submissão. Nos tribunais americanos, as testemunhas juram dizer a verdade com a mão esquerda sobre a Bíblia e a mão direita erguida e espalmada para que seja vista pelos membros do júri. Uma das maneiras mais eficazes de saber se uma pessoa está sendo sincera e honesta – ou não – é verificar se ela está mostrando as palmas das mãos. As pessoas usam as palmas das mãos para mostrar que estão desarmadas e, portanto, não constituem ameaça.

Como detectar franqueza

As pessoas, quando querem ser sinceras e honestas, geralmente abrem as mãos para a outra e dizem qualquer coisa como "Eu não fiz nada!", "Sinto muito ter aborrecido você!" ou "Estou dizendo a verdade!". A pessoa que é sincera e diz a verdade em geral expõe a totalidade ou parte da palma da mão para a outra. Assim como a maioria dos sinais da linguagem corporal, este é um gesto totalmente inconsciente que suscita em você a "intuição", ou palpite, de que a outra pessoa está falando a verdade.

Preste atenção em fotos de líderes dirigindo-se ao público. Você verá muitas mãos espalmadas deliberadamente para indicar uma atitude sincera e franca.

As crianças, quando estão mentindo ou escondendo algo, geralmente escondem as palmas das mãos atrás das costas. Da mesma maneira, o homem que não quer dizer onde esteve, depois de passar a noite fora, esconde as palmas das mãos nos

"Confie em mim – eu sou médico"

bolsos, ou fica de braços cruzados, enquanto tenta dar explicações à sua parceira. Mas as palmas das mãos escondidas transmitem o sentimento intuitivo de que ele não está falando a verdade. Já a mulher, quando tenta esconder alguma coisa, procura se desviar do assunto ou falar ao mesmo tempo de temas desconexos em que trata de várias outras coisas.

Os homens, quando mentem, costumam exibir uma linguagem corporal óbvia. As mulheres, na mesma situação, preferem mostrar-se muito ocupadas.

Os vendedores aprendem a observar as mãos de seus clientes quando estes expõem suas razões para não querer comprar um determinado produto, porque a pessoa que apresenta razões válidas geralmente mostra as palmas das mãos. Quando uma pessoa dá uma explicação sincera de seus motivos, usa as mãos abertas; a pessoa que não está dizendo a verdade dará provavelmente as mesmas respostas verbais, porém escondendo as mãos.

O uso deliberado da mão espalmada para dissimular

Algumas pessoas perguntam: "Se eu disser uma mentira com as palmas das mãos à mostra, terei mais chances de fazer as pessoas acreditarem em mim?" A resposta é sim – e não. Se você disser uma mentira deslavada, mesmo com as mãos espalmadas, seus ouvintes perceberão tanto a ausência dos demais gestos característicos do discurso honesto como a presença dos sinais negativos, incoerentes com as mãos espalmadas, e saberão que você está mentindo. Vigaristas e mentirosos profissionais são pessoas que desenvolveram a arte de fazer com que seus sinais corporais complementem suas mentiras verbais. Quanto mais eficaz for um vigarista na arte de simular a linguagem corporal da honestidade quando conta a sua mentira, mais competente será em seu negócio.

A lei de causa e efeito

É possível, no entanto, parecer mais sincero executando gestos com as mãos espalmadas durante a comunicação com outras pessoas. O interessante é que, à medida que a pessoa se habitua a fazer gestos com as mãos espalmadas, a sua tendência a contar mentiras diminui. A maioria das pessoas acha difícil mentir fazendo esse gesto, por causa da lei de causa e efeito.

A pessoa que está sendo sincera expõe as palmas das mãos; por outro lado, tê-las à mostra torna mais difícil contar uma mentira convincente. Isto acontece porque as emoções e os gestos têm uma estreita relação de reciprocidade. A tendência da pessoa que está na defensiva é cruzar os braços sobre o peito. Ao cruzar os braços, ela começa a experimentar sentimentos defensivos. Quando você fala com as mãos espalmadas, está exercendo uma pressão sobre seu interlocutor para que também seja sincero. Em outras palavras, as mãos espalmadas ajudam a evitar falsas informações por parte dos outros e os encoraja a serem mais sinceros com você.

O poder da mão espalmada

A palma da mão humana é a fonte de alguns dos mais poderosos – embora pouco percebidos – sinais corporais, seja na transmissão de ordens ou comandos, seja num simples aperto de mão. A mão aberta, se exibida da maneira adequada, confere ao executor do gesto uma autoridade inquestionável – é o *poder da mão espalmada*.

São três os principais gestos de comando envolvendo a palma da mão: o da *mão espalmada para cima*, da *mão espalmada para baixo* e da *mão fechada com o dedo apontado*. As diferenças entre essas três posições podem ser mostradas por meio de um exemplo. Suponha que você peça a alguém para pegar uma coisa e levá-la para outro lugar. Você usa o mesmo tom de voz, as mesmas palavras e expressões faciais – só o que muda é a posição da palma da mão.

Você fala com a palma da mão voltada para cima. Este é um sinal de submissão, uma atitude não ameaçadora, que lembra o gesto suplicante do mendigo e mostra – de um ponto de vista evolucionário – que a pessoa está desarmada. Diante de tal gesto, é provável que a pessoa a quem você pediu para levar o objeto não se sinta pressionada nem ameaçada pelo seu pedido. Quando você quiser que uma pessoa fale, espalme a mão para cima. Este é um gesto de "entrega" que informa o outro que você está à espera de suas palavras, pronto para ouvir.

Com a palma da mão virada para baixo, você projeta imediatamente sua autoridade. A outra pessoa sentirá que recebeu uma ordem para levar o objeto e, dependendo da relação que exista ou da posição que vocês ocupam no ambiente de trabalho, pode começar a alimentar um sentimento de antagonismo em relação a você.

Virar a mão para baixo muda completamente a maneira como os outros o percebem. Lembre-se do gesto de Hitler.

Se vocês estão no mesmo nível hierárquico, seu colega pode resistir a um pedido seu feito dessa forma; ele estaria mais disposto a concordar se você usasse a mão espalmada para cima. Se é seu subordinado, o gesto da mão espalmada para baixo é considerado aceitável, porque você tem autoridade para usá-lo.

A saudação nazista, feita com a palma da mão virada diretamente para baixo, era o símbolo do poder e da tirania do Terceiro Reich. Se Adolf Hitler fizesse a sua saudação com a mão espalmada para cima, ninguém o teria levado a sério – o mundo inteiro teria rido dele.

Quando os casais caminham de mãos dadas, o parceiro dominante, geralmente o homem, caminha ligeiramente à frente com a mão por cima e a palma virada para trás; a mulher caminha com a palma da mão voltada para a frente. Este gesto tão trivial revela imediatamente ao observador quem é quem na relação.

O gesto da mão fechada com o dedo apontado é o de um punho segurando um porrete – representado pelo dedo indicador – com o qual o orador impõe submissão aos seus ouvintes. A mão fechada com o dedo apontado é um dos gestos mais irritantes que um orador pode usar, particularmente quando marca o compasso das suas palavras.

Nossa experiência com o público

Fizemos uma experiência com oito palestrantes que foram solicitados a usar esses três gestos de mão durante uma série de discursos de 10 minutos para diversas plateias. Mais tarde, todos foram informados das reações dos ouvintes. Os palestrantes que fizeram uso repetido do gesto da mão espalmada para cima receberam comentários positivos de 84% dos ouvintes, índice que caiu para 52% quando a mesma apresentação foi feita para outras plateias usando a mão espalmada para baixo. As palestras em que se usou a posição da mão fechada com o dedo apontado registraram apenas 28% de reações positivas, tendo alguns ouvintes abandonado a sala durante a palestra.

O dedo apontado suscita sentimentos negativos na maioria dos ouvintes.

Como se previra, o dedo apontado registrou o menor índice de reações positivas dos ouvintes, que mal se lembravam do que o orador falara. Se você costuma falar com o dedo apontado, procure praticar a mão espalmada para cima e a mão espalmada para baixo. Você descobrirá que dessa forma a atmosfera fica mais relaxada e sua palavra exerce influência mais positiva sobre as pessoas.

Os oradores que usaram o dedo apontado foram descritos como "agressivos", "belicosos" e "rudes" e obtiveram o menor índice de absorção da informação por parte do público. Quando um orador apontava diretamente para a plateia, as pessoas tendiam mais a fazer julgamentos pessoais sobre ele do que em entender o que ele dizia.

Uma análise dos estilos de aperto de mão

O aperto de mão é uma relíquia do passado remoto. Sempre que se encontravam em situações amigáveis, os membros das tribos primitivas estendiam os braços com as mãos espalmadas para mostrar que não levavam nem ocultavam armas. Entre os antigos romanos, que costumavam trazer um punhal escondido na manga, o aperto do antebraço desenvolveu-se como saudação rotineira que assegurava a proteção.

O aperto do antebraço – que checa se há alguma arma escondida – é a maneira original de saudação entre os romanos

A versão moderna deste antigo ritual de cumprimento é o movimento das mãos encadeadas palma com palma, para cima e para baixo. Usada originalmente no século XIX por homens de status semelhantes para selar suas transações comerciais, ela só veio a ser amplamente difundida há cerca de 100 anos e permaneceu como domínio masculino até tempos muito recentes. Hoje, na maioria dos países europeus e ocidentais, o aperto de mãos é uma forma de cumprimento usada tanto na chegada como na despedida em todos os contextos de negócios e, cada vez mais, em festas e acontecimentos sociais, por homens e mulheres.

O aperto de mão evoluiu como uma forma de os homens selarem suas transações comerciais.

Quem deve tomar a iniciativa?

Embora seja um costume geralmente aceito apertar a mão de uma pessoa que se acaba de conhecer, existem algumas circunstâncias em que pode não ser apropriado tomar a iniciativa do aperto de mão. Considerando que o ato é um sinal de confiança e boas-vindas, convém você se fazer algumas perguntas antes de tomar a iniciativa de apertar a mão de uma pessoa: "Será que eu sou bem-vindo? Esta pessoa está feliz por me encontrar, ou estarei impondo a minha presença?" Os vendedores aprendem que tomar a iniciativa de apertar a mão de um cliente que vão visitar sem hora marcada pode causar efeito negativo: o comprador pode não querer lhes dar as boas-vindas e se sentir obrigado a apertar-lhes a mão. Nessas circunstâncias, é melhor esperar que a outra pessoa tome a iniciativa do aperto de mão e, caso isso não aconteça, cumprimentar fazendo um breve gesto com a cabeça. Embora em alguns países apertar a mão de uma mulher ainda seja um hábito pouco frequente, hoje em muitos lugares as mulheres que tomam a iniciativa de dar um firme aperto de mão causam uma melhor primeira impressão.

Como se transmitem a dominação e o controle

Suponha que você e uma pessoa que acabou de conhecer se cumprimentam com um aperto de mão. Uma das seguintes atitudes básicas é subconscientemente transmitida:

1. Dominação: “Ele está tentando me dominar, é melhor eu ter cuidado.”
2. Submissão: “Eu posso dominar essa pessoa. Ela fará o que eu quiser.”
3. Igualdade: “Eu me sinto à vontade com essa pessoa.”

Essas atitudes enviadas e recebidas sem que estejamos conscientes delas podem ter um efeito imediato no resultado de qualquer encontro. Nós documentamos, na década de 1970, o efeito das técnicas de aperto de mão em nossas aulas de práticas comerciais e as ensinamos como estratégias de negócios que, com um pouco de prática e dedicação, podem ter um efeito espetacular em qualquer encontro frente a frente. Vamos mostrar-lhe como.

Em um cumprimento, a dominação é transmitida virando-se a mão de tal modo que a palma fique para baixo, embora ela não precise ficar totalmente virada para baixo. Colocando sua mão por cima, você comunica que deseja assumir o controle do encontro.

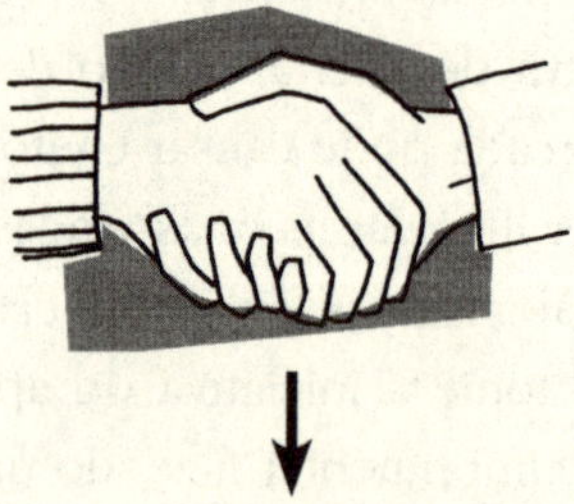

Assumindo o controle

Nosso estudo envolvendo 350 gerentes executivos seniores (89% dos quais, homens) revelou que não apenas a maioria tomava a iniciativa do aperto de mão como 88% dos homens e 33% das mulheres usavam a posição dominante. O poder e o controle são em geral menos importantes para as mulheres, o que provavelmente explica por que somente uma em cada três mulheres usava o gesto da mão por cima. Descobrimos também que algumas mulheres apertam frouxamente a mão dos homens em situações sociais para denotar submissão. É uma forma de assinalar a sua feminilidade ou indicar que é passível de dominação. Num contexto de negócios, porém, essa atitude pode ser desastrosa para a mulher: os homens só darão atenção aos seus atributos femininos e não a levarão a sério. Mulheres que exibem demasiada feminilidade em encontros profissionais não são levadas a sério por outras mulheres ou por homens de negócios. Isto não equivale a dizer que a mulher executiva precisa agir de forma masculina; ela apenas precisa evitar certos sinais estereotipados de feminilidade – como apertos de mão frouxos, saias curtas e saltos muito altos – se pretende ser igual em credibilidade.

Mulheres que exibem sinais estereotipados de feminilidade em reuniões de negócios perdem credibilidade.

Um estudo sobre apertos de mão realizado por William Chaplin, da Universidade do Alabama, no ano de 2001, revelou que os tipos extrovertidos, ao contrário das personalidades tímidas e neuróticas, apertam a mão com firmeza. Chaplin descobriu também que as mulheres dispostas a adotar novas ideias apertam as mãos firmemente. Os homens também apertam as mãos dessa forma, mesmo que não sejam sensíveis a novas ideias. Portanto, é profissionalmente interessante para as mulheres darem apertos de mão mais firmes, especialmente com homens.

O aperto de mão submisso

O oposto do aperto de mão dominador é oferecer a mão com a palma virada para cima, dando simbolicamente à outra pessoa a posição da mão por cima.

Essa atitude pode ser eficaz quando você quer transferir o controle da situação a outra pessoa ou deixar que ela se sinta no comando. Isso acontece quando você pede desculpas.

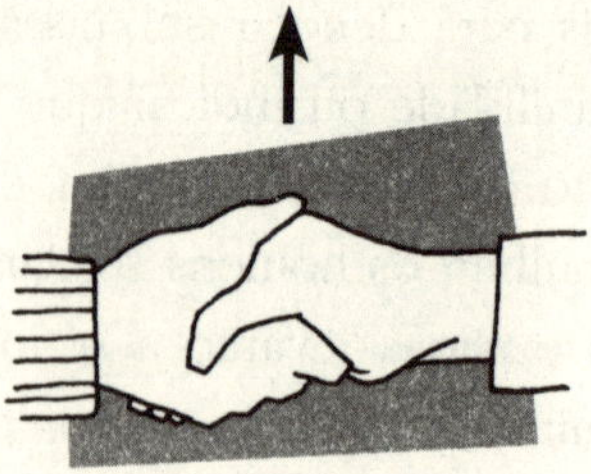

O aperto de mão submisso

Embora o aperto de mão com a palma voltada para cima possa comunicar uma atitude de submissão, lembre-se do que dissemos antes: uma pessoa com artrite nas mãos é obrigada a dar apertos de mão frouxos, com a palma da mão na posição submissa. Pessoas cujo exercício profissional depende do uso das mãos precisam protegê-las. Os grupos gestuais que elas usam em seguida ao aperto de mão proporcionarão outras pistas para que você as avalie – uma pessoa submissa fará outros gestos submissos, e uma pessoa dominadora fará mais gestos autoritários.

Como criar equilíbrio

Quando duas pessoas dominadoras apertam as mãos, dá-se uma simbólica luta de poder. Cada uma tenta virar a palma da mão da outra para a posição submissa. O resultado é um aperto de mão com ambas as palmas permanecendo na posição vertical – o que gera um sentimento de igualdade e respeito mútuo, já que nenhuma das duas está disposta a ceder.

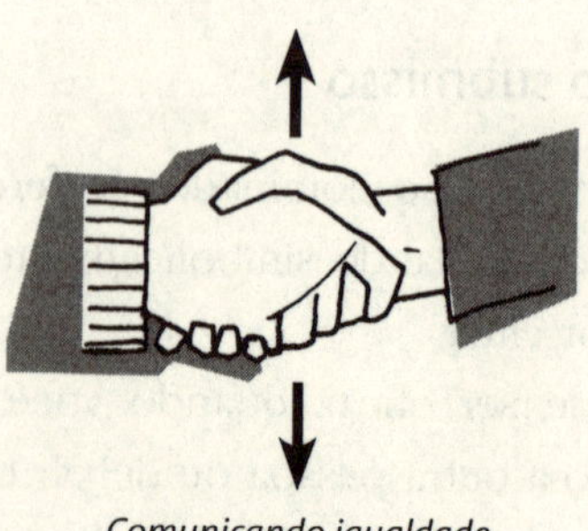

Comunicando igualdade

Como criar uma relação equilibrada

São dois os ingredientes básicos para se criar uma relação equilibrada num aperto de mão. Primeiro, assegure-se de que a palma da sua mão e a da outra pessoa estejam ambas na posição vertical, de maneira que não haja dominadores nem dominados. Segundo, aplique a mesma pressão que você recebe. Isto significa que, se o seu aperto de mão, numa escala de firmeza de 1 a 10, chega a 7, mas o da outra pessoa chega a apenas 5, convém você retirar 20% da força. Se a força aplicada pela outra pessoa é de grau 9 e a sua, de grau 7, você terá de aumentar em 20% a firmeza do seu aperto de mão. Se você estiver num encontro com um grupo de 10 pessoas, provavelmente terá de fazer vários ajustes de ângulo e intensidade para ficar em pé de igualdade com todos os presentes. Tenha sempre em mente que, em média, a mão masculina é capaz de aplicar uma força duas vezes maior que a feminina, o que exige que se façam algumas concessões.

Lembre-se de que o aperto de mão evoluiu e tornou-se um gesto para se dizer olá, adeus ou selar um acordo. Ele precisa, portanto, ser sempre cordial, amistoso e positivo.

Como desarmar adeptos de jogos de poder

O braço estendido com a mão espalmada para baixo lembra a saudação nazista e é o mais agressivo de todos os cumprimentos, porque impede que se estabeleça uma relação de igualdade. Este aperto de mão é típico das pessoas autoritárias e dominadoras. Tomar a iniciativa com o braço esticado e a palma da mão virada para baixo obriga o outro a adotar uma posição submissa.

1. A técnica do passo à direita

Quando você recebe um aperto de mão dominador de um adepto de jogos de poder – geralmente são os homens que o fazem

–, é difícil colocá-lo numa posição de igualdade virando-lhe a palma da mão para a posição vertical.

Em vez disso, ao estender a mão para cumprimentar, primeiro dê um passo à frente com o pé esquerdo. Isto exige um pouco de prática, porque a atitude natural de 90% das pessoas que cumprimentam com a mão direita é dar o passo à frente com o pé direito.

Em seguida, avance um passo com a perna direita, indo em direção ao espaço pessoal do outro. Por último, traga a perna esquerda para junto da direita e sacuda a mão da pessoa. Esta tática permite que você endireite o aperto de mão ou mesmo que coloque o seu oponente na posição submissa. Parece complicado, mas se você treinar com alguém conhecido logo incorporará o gesto.

Analise a sua forma de apertar a mão das pessoas. Observe se você dá um passo à frente com o pé esquerdo ou com o direito quando estende o braço para o aperto de mão. Pratique dar o passo à frente no aperto de mão com o pé *esquerdo* e verá que assim é mais fácil lidar com os adeptos de jogos de poder que tentam controlar você.

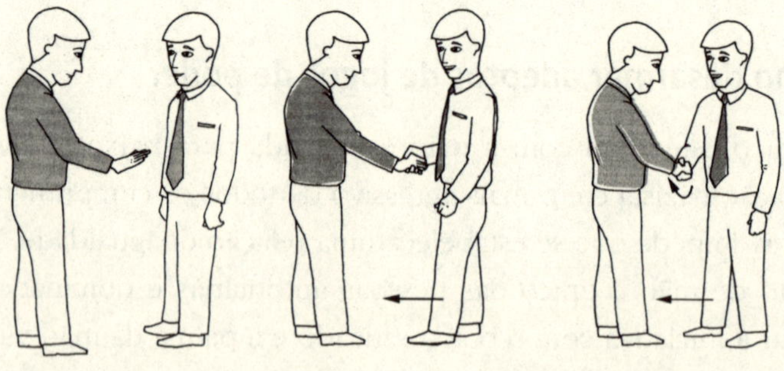

O adepto dos jogos de poder tenta controlar

Dê um passo à frente com o pé esquerdo

Cruze a frente de seu interlocutor com a perna direita e vire a palma da mão dele para cima

2. A técnica da mão por cima

Quando um adepto de jogos de poder se apresentar a você estendendo o braço com a mão espalmada para baixo, responda com a mão espalmada para cima, mas ponha sua mão esquerda sobre a direita dele, de modo a lhe dar um aperto com as duas mãos, e finalmente endireite a posição das mãos.

Esse modo muito mais simples de lidar com a situação transfere para você o poder do seu oponente.

O aperto de mão frio e pegajoso

Ninguém gosta de receber um aperto de mão que dá a sensação de o outro estar lhe entregando um molho de salsichas frias. Quando ficamos tensos ao encontrar alguém, o sangue que irriga as células situadas abaixo da camada exterior da pele das mãos vai para os músculos dos braços e das pernas em preparação para "lutar ou fugir". O resultado é que as mãos esfriam e começam a suar. Com as mãos frias e úmidas, o nosso aperto de mão dá ao outro a impressão de estar pegando um peixe molhado. Para não correr o risco de uma primeira impressão negativa, tenha sempre um lenço para secar as palmas das mãos imediatamente antes de um encontro especial. Outra solução é, antes de qualquer reunião importante, imaginar que você está com as mãos abertas sobre uma fogueira. Está provado que essa técnica de visualização aumenta a temperatura da palma da mão em três a quatro graus, em média.

A vantagem de ficar à esquerda

Quando dois líderes políticos se põem lado a lado, em pé, aquele que fica à esquerda da foto é percebido pelo público como detentor de uma postura dominante em relação ao outro. Isto ocorre porque o que ocupa essa posição tem mais facilidade de ficar com a mão por cima na hora do cumprimento, o que lhe dá a aparência de estar no controle. Isto ficou óbvio no aperto de mãos entre John F. Kennedy e Richard Nixon antes do debate eleitoral pela televisão em 1960. Naquela época, o mundo não sabia nada sobre linguagem corporal, mas as análises mostram que JFK parecia ter um conhecimento intuitivo de como usá-la. Sempre do lado esquerdo das fotografias, a posição da mão por cima era um de seus movimentos característicos. Richard Nixon, à direita, parecia numa posição mais fraca.

Esse famoso debate pela televisão é um notável testemunho do poder da linguagem corporal. Segundo as pesquisas, a maioria dos americanos que acompanharam o debate pelo rádio achou que Nixon saíra vitorioso, ao passo que a maioria dos que o assistiram pela televisão acreditou que Kennedy fora o claro vencedor. Isso demonstra que a convincente linguagem corporal de Kennedy acabou contribuindo para conduzi-lo à presidência.

Quando homens e mulheres se apertam as mãos

Embora as mulheres há décadas tenham uma forte presença no mercado de trabalho, muitos homens e mulheres ainda experimentam uma certa falta de jeito e alguns constrangimentos ao se cumprimentarem. Pode acontecer de o homem estender o braço para apertar a mão da mulher e ela não perceber, porque está mais concentrada em olhar para o rosto dele. Embaraçado com a sua mão suspensa no ar, o homem a recolhe na esperança de que a mulher não tenha percebido, mas ela, ao se dar conta, estende por sua vez o braço e fica também com a mão pendurada no vazio. Aí ele estende o braço outra vez e o resultado é um grande desacerto.

O primeiro encontro entre um homem e uma mulher pode ser prejudicado por um aperto de mão inadequado.

Se isto acontecer um dia com você, pegue conscientemente a mão direita da outra pessoa com a sua mão esquerda, coloque-a corretamente em sua mão direita e diga com um sorriso: "Vamos tentar outra vez!" Ao mostrar que você se interessa pela outra pessoa a ponto de fazer questão de lhe apertar a mão corretamente, a sua credibilidade junto a ela pode aumentar sensivelmente. Se você é uma executiva, uma estratégia inteligente é deixar claro que pretende apertar a mão das pessoas que encontra, para não pegá-las desprevenidas. Estenda a mão assim que possível para deixar bastante clara a sua intenção de cumprimentá-las, o que evitará eventuais situações embaraçosas.

O aperto com as duas mãos

Favorito dos empresários pelo mundo afora, o aperto com as duas mãos é feito com contato visual direto, um sorriso franco e confiante, enquanto é dito alta e claramente o primeiro nome do recebedor, e eventualmente são feitas perguntas sinceras sobre o seu estado de saúde.

Esse tipo de cumprimento aumenta a intensidade do contato físico oferecido por quem toma a iniciativa e proporciona o controle sobre o recebedor, ao restringir o movimento da sua mão direita. Às vezes chamado de "aperto de mão de político", o aperto com as duas mãos permite a quem o inicia transmitir a impressão de que é confiável e honesto. Quando, porém, é dado a uma pessoa que se acaba de conhecer, pode produzir efeito contrário, levando o recebedor a desconfiar das intenções do outro. O aperto com as duas mãos é um abraço em miniatura, só aceitável nas circunstâncias em que um abraço também poderia ser dado. Por isso, só deve ser usado quando existir um vínculo afetivo entre as duas pessoas.

Resumindo, se você não tem algum tipo de vínculo pessoal com o seu interlocutor, não use essa forma de cumprimento. E se a pessoa que lhe der um aperto com as duas mãos não tem ligação pessoal com você, procure saber quais seriam as suas intenções não declaradas.

A menos que você e seu interlocutor tenham um vínculo afetivo ou pessoal, dê somente um aperto de mão simples.

É comum ver políticos cumprimentando eleitores, e empresários cumprimentando clientes com o aperto de duas mãos, sem que eles percebam os efeitos negativos que isso pode ter.

Os sete piores apertos de mão

Eis a seguir sete dos mais irritantes e antipáticos apertos de mão e suas variantes. Evite-os em quaisquer circunstâncias:

1. O "peixe-morto"

Índice de credibilidade: 1/10

Poucos cumprimentos são tão desagradáveis quanto o "peixe-morto", particularmente quando a mão apertada é fria e pegajosa. A sensação de frouxidão e flacidez transmitida pelo peixe morto o torna universalmente impopular. Em nossa cultura, a maioria das pessoas o associa à fraqueza de caráter, principalmente devido à facilidade com que a sua palma da mão pode ser virada para cima.

As palmas das mãos têm mais glândulas sudoríparas do que qualquer outra parte do corpo, razão pela qual uma em cada 20 pessoas sua nas mãos. Já falamos da solução para esse problema.

Surpreendentemente, muitas pessoas que dão o aperto "peixe-morto" não têm consciência disso, de maneira que, para evitar qualquer risco, é interessante você pedir aos seus amigos que lhe falem do seu estilo de aperto de mão.

2. O "torno"

Índice de credibilidade: 4/10

Este estilo, preferido dos homens de negócios, revela o desejo de dominar e assumir de imediato o controle da relação ou colocar sutilmente o interlocutor em posição inferior. O iniciador estende o braço com a mão espalmada para o chão e dá um forte puxão para baixo, seguido de dois ou três vigorosos solavancos de retorno, com uma pegada capaz de fazer o sangue parar de fluir para a mão do recebedor. Este tipo de cumprimento às vezes é usado por pessoas que se sentem fracas e temem ser dominadas.

3. O "quebra-ossos"

Índice de credibilidade: 0/10

Primo em segundo grau do "torno", o "quebra-ossos" é o mais temido de todos os apertos de mão, porque deixa uma lembrança indelével na mente e nos dedos de quem recebe e só agrada mesmo a quem o dá. O "quebra-ossos" é uma marca registrada de uma personalidade abertamente agressiva que, sem aviso, tenta desmoralizar seu interlocutor, triturando os nós de seus dedos para assumir a vantagem inicial na relação. Se você é mulher, evite usar anéis na mão direita em encontros de negócios, porque o "quebra-ossos" pode lhe arrancar sangue e levá-la a iniciar suas negociações comerciais em estado de choque.

Infelizmente não existem formas eficazes de se contrapor ao "quebra-ossos" de um desconhecido. Se você acha que alguém o aplicou deliberadamente, pode chamar a atenção dizendo com suavidade e firmeza: "Ei! Você machucou a minha mão. Para que apertar com tanta força?" Se for um conhecido, advirta-o antes de estender a mão.

4. O aperto com as pontas dos dedos

Índice de credibilidade: 2/10

Ocorrência comum em cumprimentos homem-mulher, o aperto com as pontas dos dedos transmite a impressão de que quem o dá quer manter o outro à distância. Pode exprimir também um sentimento de inferioridade de quem inicia o cumprimento.

Se isto acontecer com você, pegue a mão direita da outra pessoa com a sua mão esquerda, coloque-a corretamente na sua mão direita e diga, com um sorriso: "Vamos tentar outra vez!" Ou não diga nada e apenas sorria, olhando o outro nos olhos. Isso eleva a sua credibilidade junto à outra pessoa porque você está lhe transmitindo que a considera importante o suficiente para fazer questão de dar um aperto de mão correto.

5. O cumprimento com o braço esticado

Índice de credibilidade: 3/10

Tal como o aperto de mão com a palma voltada para baixo, o cumprimento com o braço esticado tende a ser usado por tipos agressivos. Sua principal finalidade é manter a outra pessoa à distância e fora do espaço pessoal de quem toma a iniciativa.

6. O "arranca-soquete"

Índice de credibilidade: 3/10

Escolha popular entre adeptos dos jogos de poder, o "arranca-soquete" é causa frequente de olhos marejados e, em casos extremos, de rupturas de ligamentos. Quem inicia o cumprimento agarra à força a mão espalmada de quem recebe ao mesmo tempo que aplica um forte puxão para trás na tentativa de arrastá-lo para perto de si, desequilibrando-o. O resultado mais provável é que o relacionamento pode começar com o pé esquerdo.

Puxar o recebedor para dentro do seu território pode significar para o iniciador uma de duas coisas: primeira, ele é um tipo inseguro que só se sente bem dentro de seu próprio espaço pessoal; segunda, ele quer controlar o interlocutor, desequilibrando-o. Em qualquer dos dois casos, o iniciador quer ditar os termos do encontro.

7. A alavanca de bomba

Índice de credibilidade: 4/10.

O bombeador pega a mão do bombeado e começa a sacudi-la em rápidos movimentos verticais.

Embora em geral sejam aceitáveis até sete subidas e descidas, alguns bombeadores continuam o movimento incontrolavelmente como se estivessem querendo tirar água do recebedor. Às vezes ele até para de bombear mas continua a segurar a mão do outro como se quisesse impedi-lo de escapar. O mais interessante é que poucas pessoas tentam retirar a mão: o ato de estar fisicamente conectadas parece dificultar-lhes a decisão de retirá-la.

Resumindo

Muitas pessoas não têm a menor ideia de como se apresentar às outras nos primeiros encontros, apesar de a maioria saber perfeitamente que os primeiros minutos de interação podem criar ou impedir um relacionamento. Reserve um tempo para praticar os diversos estilos de aperto de mão com seus amigos e colegas, e você poderá rapidamente aprender como dar um aperto de mão positivo em qualquer circunstância. Manter a palma da mão na vertical com uma pressão equivalente à da outra pessoa é geralmente percebido como um aperto de mão 10/10.

Capítulo 3

A magia dos sorrisos e risadas

O que faz deste ícone um dos mais irresistíveis do mundo?

Bob examinava tudo ao seu redor quando seu olhar cruzou com o de uma morena atraente que parecia lhe sorrir. Sem perder tempo, ele atravessou a sala e começou a conversar com ela. A moça não falava muito, mas, como continuava a sorrir, Bob insistiu. Até que uma amiga passou por ele e sussurrou em seu ouvido: "Esquece, Bob... ela te acha um panaca." Ele ficou atônito. Mas como? Ela continuava sorrindo para ele! Como a maioria dos homens, Bob não sabia o significado negativo do sorriso feminino com os lábios comprimidos e sem mostrar os dentes.

As crianças costumam ser aconselhadas por suas avós a "fazer uma cara feliz", "dar um grande sorriso" e "mostrar esses dentes brancos maravilhosos" ao conhecer uma pessoa. A vovó sabia, no plano da intuição, que isso causaria nos outros uma boa impressão.

Os primeiros estudos científicos sobre o sorriso de que se tem notícia foram os do cientista francês Guillaume Duchenne de Boulogne, no início do século XIX. Boulogne descobriu que os sorrisos são controlados por dois conjuntos de músculos: os *zigomáticos maiores,* que percorrem todo o lado do rosto e se conectam com os cantos da boca, e os *orbiculares ópticos,* que puxam os olhos para trás. Os zigomáticos maiores puxam a boca para os lados, expondo os dentes e alargando as bochechas, ao passo que os orbiculares ópticos estreitam os olhos e produzem os pés de galinha. É importante entender o funcionamento desses músculos, porque os zigomáticos maiores são conscientemente controlados – em outras palavras, são usados para produzir falsos sorrisos de satisfação que dão a impressão de cordialidade ou subordinação. Os orbiculares ópticos, que atuam independentemente, revelam os sentimentos que há por trás de um sorriso verdadeiro. Portanto, a primeira coisa a procurar para se checar a sinceridade de um sorriso são as ruguinhas ao redor dos olhos.

Um sorriso natural produz rugas características ao redor dos olhos – as pessoas pouco sinceras sorriem apenas com a boca.

Num sorriso de satisfação, não apenas os cantos dos lábios são puxados para cima como também os músculos ao redor dos olhos se contraem, enquanto os sorrisos forçados envolvem apenas lábios sorridentes.

Os cientistas são capazes de distinguir os sorrisos verdadeiros dos falsos usando o chamado Sistema de Codificação da Ação Facial (FACS), concebido pelo professor Paul Ekman, da Universidade da Califórnia, e pelo Dr. Wallace V. Friesen, da Universidade de Kentucky. Os sorrisos verdadeiros são gerados inconscientemente pelo cérebro, o que significa que são automáticos. Quando você sente prazer, alguns sinais circulam pela parte do seu cérebro que processa a emoção, fazendo com que os músculos da sua boca se movam, suas bochechas se ergam, seus olhos se estreitem e suas sobrancelhas se abaixem ligeiramente.

Os fotógrafos pedem para a gente dizer "xis" porque esta palavra faz puxar para trás os músculos zigomáticos maiores. O resultado, porém, é um sorriso falso e uma fotografia com um aspecto pouco sincero.

Sorrisos falsos, porém intensos, podem causar o aparecimento de linhas ao redor dos olhos e o intumescimento das bochechas, dando a impressão de olhos contraídos e, portanto, de sorriso genuíno. Mas há outros sinais que distinguem esses sorrisos dos verdadeiros. Quando um sorriso é autêntico, a parte do olho que fica entre a sobrancelha e a pálpebra se move para baixo e a extremidade das sobrancelhas se abaixa ligeiramente.

Sorriso é sinal de submissão

Sorrir e rir são universalmente considerados como sinais demonstrativos de que a pessoa está feliz. Nós choramos ao nascer, começamos a sorrir em cinco semanas e a rir entre o quarto e o quinto mês. Os bebês aprendem rapidamente que o choro chama a atenção dos adultos – e que o sorriso os mantém ao seu lado. Contudo, pesquisas recentes com nossos primos mais próximos, os chimpanzés, mostram que o sorriso serve a um propósito mais profundo e primitivo.

Os chimpanzés têm dois tipos de sorriso. O primeiro é uma expressão apaziguadora mostrando submissão a um animal dominante. Neste sorriso – conhecido como "cara de medo" –, a mandíbula inferior do chimpanzé se abre para expor os dentes, e os cantos da boca são puxados para trás e para baixo. Este sorriso se assemelha ao sorriso humano.

O segundo é a "cara de brincadeira", em que o animal expõe os dentes, puxa os cantos da boca e os olhos para cima e emite sons vocais similares aos da risada humana. Em ambos os casos, o sorriso é usado como um gesto de submissão. O primeiro comunica que "Eu não constituo ameaça porque, como você pode ver, tenho medo de você", e o outro diz "Eu não constituo ameaça porque, como você pode ver, sou apenas uma criança brincalhona". É o sorriso de um chimpanzé ansioso ou temeroso que o fará ser atacado ou ferido por outros. Esse é o mesmo sorriso nervoso dado pela pessoa que atravessou uma estrada movimentada e quase foi atropelada por um caminhão. Por ser uma reação de medo, a pessoa sorri e diz: "Gente... eu quase morri!"

Entre os humanos, o sorriso serve ao mesmíssimo propósito que entre os demais primatas: dizer à outra pessoa que você não constitui ameaça e pedir que o aceite. Isso explica por que muitos indivíduos como Clint Eastwood, Margaret Thatcher e Charles Bronson sempre apresentam um olhar irritado ou agressivo e raramente são vistos sorrindo – eles não querem parecer, de forma alguma, submissos.

Pesquisas feitas em tribunais mostram que as defesas feitas com sorrisos garantem aos acusados penas mais leves do que as defesas totalmente circunspectas. Portanto, a vovó estava certa.

Por que o sorriso é contagiante

O que há de mais notável é que sorrir para uma pessoa provoca uma reação recíproca e igual, mesmo quando ambos os sorrisos são falsos.

Uma experiência realizada pelo professor Ulf Dimberg, da Universidade de Upsala, Suécia, revela que o inconsciente exerce controle direto sobre os nossos músculos faciais. Usando equipamentos capazes de captar sinais elétricos emitidos pelas fibras musculares, ele mediu a atividade muscular facial de 120 voluntários aos quais foram mostradas fotos de pessoas alegres, indiferentes e zangadas. Os voluntários foram instruídos a fazer expressões carrancudas, sorridentes e inexpressivas em resposta ao que viam. Às vezes lhes pediam para fazerem expressões opostas ao que estavam vendo – responder a um sorriso com um franzir de cenho e a uma expressão carrancuda com um sorriso. Embora tentassem conscientemente controlar as suas reações naturais, a crispação dos músculos faciais dos voluntários contava uma história diferente – eles estavam *espelhando* as expressões que viam, mesmo se esforçando para não fazê-lo. Isto significa que, quer percebamos ou não, nós automaticamente copiamos as expressões faciais que vemos.

É por isso que sorrir regularmente é parte importante de nosso repertório de linguagem corporal, mesmo quando não estamos dispostos, porque o sorriso influencia diretamente as atitudes das pessoas em torno de nós e a forma como elas reagem à nossa presença.

A ciência provou que quanto mais você sorri, mais respostas positivas obtém das outras pessoas.

Em mais de 30 anos estudando vendas e processos de negociação, descobrimos que sorrir em momentos apropriados, como nos estágios iniciais de um negócio, quando as pessoas estão se avaliando, causa uma reação positiva de ambos os lados e resulta em acordos mais interessantes e maiores índices de vendas.

A capacidade de decodificar sorrisos parece estar programada no cérebro como uma espécie de módulo de sobrevivência. Como o sorriso é essencialmente um sinal de submissão, nossos ancestrais precisavam ser capazes de reconhecer se um estranho que se aproximava era amistoso ou agressivo. Aqueles que não fossem capazes de fazê-lo, pereciam.

Praticando o sorriso falso

Como já dissemos, a maioria das pessoas não consegue diferenciar conscientemente um sorriso falso de um verdadeiro e se contenta com o mero fato de uma pessoa estar sorrindo para elas – independentemente de o sorriso ser sincero ou não. Como o sorriso é extremamente sedutor, muitos supõem erradamente que ele é o gesto favorito dos mentirosos. Pesquisas mostram, porém, que as pessoas que mentem deliberadamente, os homens em especial, sorriem menos do que o normal. Além disso, o sorriso do mentiroso aparece mais rapidamente e dura muito mais do que o sorriso verdadeiro, quase como se ele estivesse usando uma máscara.

Sorrisos falsos costumam ser mais pronunciados de um lado do rosto do que do outro, já que ambos os lados do cérebro tentam fazê-los parecer genuínos. A metade do córtex cerebral especializada em expressões faciais fica no hemisfério direito e envia a maior parte dos seus sinais para o lado esquerdo do corpo. Como resultado, as emoções faciais falsas ficam mais pronunciadas do lado esquerdo do rosto do que do lado direito. No sorriso real, ambos os hemisférios do cérebro instruem os dois lados do rosto a atuar com simetria.

Quando um mentiroso mente,
o lado esquerdo do seu sorriso é quase sempre
mais pronunciado que o direito.

Cinco tipos comuns de sorriso

Segue-se um resumo analítico dos tipos mais comuns de sorriso:

1. O sorriso de lábios cerrados

Os lábios cerrados se distendem em linha reta através do rosto escondendo os dentes. A mensagem enviada é de que a pessoa que sorri tem uma opinião ou atitude secreta, contida, que não quer compartilhar com você. É um sorriso muito usado pelas mulheres quando não querem revelar seu desagrado em relação a uma pessoa e costuma ser interpretado por outras mulheres como sinal de rejeição. A maioria dos homens ignora completamente este fato.

O sorriso de lábios cerrados mostra que ela tem
um segredo que não quer compartilhar com você.

Uma mulher pode, por exemplo, dizer, a respeito de outra, "Ela é muito capaz, sabe o que quer", com um sorriso de lábios cerrados, em lugar de dizer o que realmente pensa: "Essa mulher é uma bruaca agressiva e inconveniente!" É comum encontrarmos em revistas fotos de empresários de sucesso comunicando por meio de um sorriso de lábios cerrados qualquer coisa como "Eu tenho o segredo do sucesso; você vai ter de adivinhá-lo". Nessas entrevistas, os homens tendem a falar dos princípios básicos para se alcançar o sucesso, mas raramente revelam detalhes precisos de como chegaram lá. Um empresário famoso, ao contrário, está sempre com um largo sorriso, pronto para explicar o seu sucesso em todos os detalhes, porque sabe que de toda forma a maioria das pessoas não conseguirá reproduzi-lo.

2. O sorriso torto

Neste sorriso, emoções opostas são exibidas por cada lado do rosto. Como se um dos lados estivesse zangado, e o outro, sorrindo.

O sorriso torto é característico do mundo ocidental e só pode ser feito deliberadamente, o que quer dizer que contém uma única mensagem – o sarcasmo.

3. O sorriso de queixo caído

Este é um sorriso treinado, em que a mandíbula inferior é simplesmente jogada para baixo para dar a impressão de que a pessoa está sorrindo ou brincando. É o favorito sobretudo de artistas e políticos, que o utilizam para criar reações alegres em suas plateias ou conquistar mais votos.

4. O sorriso de lado olhando para cima

Com a cabeça levemente abaixada e virada para o lado, a pessoa dirige o olhar para cima com um sorriso de lábios entreabertos. Todo este grupo gestual produz um ar juvenil, divertido e misterioso. Está provado que este sorriso esquivo, quando usado por uma mulher, é um dos favoritos dos homens de todas as partes do mundo, por suscitar neles sentimentos de proteção e cuidado. É um dos sorrisos que a princesa Diana costumava usar para cativar os corações das pessoas.

O sorriso da princesa levava os homens a querer protegê-la e as mulheres a querer ser como ela. Não surpreende, pois, que seja uma peça básica do repertório de paquera feminino, pois os homens o consideram sedutor e o interpretam como um irresistível sinal de "venha".

5. O risinho George W. Bush

O presidente George W. Bush tem sempre no rosto um sorrisinho afetado. Bush é texano, e os texanos sorriem mais do que a maioria dos americanos. É por isso que, no Texas, se um sujeito não sorri, podem perguntar-lhe se está "aborrecido com alguma coisa", ao passo que em Nova York o sorridente pode ser interpelado com "qual é a graça?". O presidente Jimmy Carter era outro sulista que sorria o tempo todo. Isto preocupava os nortistas, que temiam que ele soubesse de alguma coisa que eles não sabiam.

Sorria constantemente. Todo mundo vai ficar pensando no que você estará tramando.

Por que o riso é o melhor remédio

Assim como acontece com o sorriso, a incorporação do riso como parte permanente da nossa personalidade atrai amigos, melhora a saúde e estende a vida. Quando rimos, todos os órgãos do nosso corpo são afetados de forma positiva. A respiração se acelera, exercitando o diafragma, o pescoço, o estômago, o rosto e os ombros. O riso aumenta a quantidade de oxigênio no sangue, o que não só ajuda os processos de cura como melhora a circulação e expande os vasos sanguíneos próximos à superfície da pele. É por isso que as pessoas ficam com o rosto vermelho quando riem. O riso tem também o poder de diminuir os batimentos cardíacos, dilatar as artérias, estimular o apetite e queimar calorias.

O neurologista Henri Rubenstein descobriu que um minuto de boas gargalhadas proporciona até 45 minutos de relaxamento subsequente. O professor William Fry, da Universidade de Stanford, constatou que 100 risadas produzem em nosso corpo um efeito aeróbico igual ao de uma sessão de 10 minutos de ginástica abdominal com aparelhos. É por isso que, do ponto de vista médico, uma boa risada é um grande remédio.

Quanto mais velhos, mais sérios nos tornamos a respeito da vida. Um adulto ri, em média, 15 vezes por dia; uma criança em idade pré-escolar, 400 vezes.

Por que se deve levar o riso a sério

As pesquisas mostram que rir ou sorrir, mesmo quando não nos sentimos especialmente felizes, causa um surto de atividade elétrica em uma parte da "zona feliz" do hemisfério esquerdo do nosso cérebro. Em um de seus numerosos estudos sobre o riso, Richard Davidson, professor de psicologia e psiquiatria da Universidade de Wisconsin, mediu, por meio de eletroencefalogramas, a atividade das ondas cerebrais de voluntários solicitados a assistir a filmes engraçados. O riso fazia com que as zonas felizes do cérebro "clicassem" loucamente. O professor Davidson provou que a produção deliberada de sorrisos e risadas aproxima a atividade cerebral da felicidade espontânea.

Ao realizar uma experiência com pessoas que manifestavam sinais iniciais de depressão, Arnie Cann, professor de psicologia da Universidade da Carolina do Norte, descobriu que o humor tem um efeito positivo no combate ao estresse. Dois grupos de pacientes passaram três semanas assistindo a filmes de vídeo. O grupo que assistiu a comédias obteve mais melhoras de seus sintomas do que o grupo que assistiu a vídeos não humorísticos. Cann descobriu também que as pessoas que sofrem de úlcera franzem o cenho com mais frequência do que as que não sofrem. Se você se pegar franzindo o cenho, pratique colocar a mão na testa enquanto fala para treinar sua mente a perder esse hábito.

O humor cura

O riso estimula a produção de endorfinas, analgésicos naturais do corpo e agentes da sensação de bem-estar que ajudam a aliviar o estresse e a curar doenças. Ao ser diagnosticado como portador de uma doença que afeta a coluna cervical, Norman Cousins ouviu dos médicos que nada podia ser feito para ajudá-lo e que ele sofreria dores horríveis até morrer. Cousins resolveu então se confinar num quarto de hotel com todos os filmes de humor que pôde encontrar – os Irmãos Marx, os Três Patetas, etc. Viu e reviu todos os filmes, vezes sem conta, dando as gargalhadas mais altas e intensas que podia. Depois de seis meses dessa terapia do riso, os médicos ficaram atônitos com o que constataram: a doença de Cousins fora completamente curada – simplesmente desaparecera! Este espantoso resultado levou à publicação do livro de Cousins, *A força curadora da mente*, e ao começo de uma intensa pesquisa sobre as funções das endorfinas. As endorfinas são substâncias químicas liberadas pelo cérebro quando rimos. Com uma composição química similar à da morfina e da heroína, ela produz um efeito tranquilizante sobre o corpo, ao mesmo tempo que reforça o sistema imunológico. Isso explica por que as pessoas felizes raramente adoecem, e as infelizes e queixosas sempre parecem estar doentes.

Chorar de rir

Do ponto de vista psicológico, o riso e o choro estão intimamente ligados. Procure se lembrar da última vez que uma piada lhe provocou um acesso de riso incontrolável. Como você se sentiu em seguida? O corpo ficou todo formigando? Isto acontece porque as endorfinas liberadas pelo cérebro produzem o que já foi descrito como um "barato natural", a mesma sensação dos viciados quando usam drogas. As pessoas que acham difícil rir nos momentos difíceis da vida costumam recorrer às drogas e ao álcool para obter a mesma sensação produzida pelas endorfinas liberadas pelo riso.

Paul Ekman descobriu que uma das razões pelas quais somos atraídos por rostos alegres e risonhos é que, ao ver uma pessoa sorrindo, nós sorrimos também, e isso provoca a liberação das endorfinas. Quando cercados de pessoas tristes e infelizes, temos a tendência de imitar suas expressões e nos tornar taciturnos e deprimidos.

Trabalhar num ambiente triste faz mal à saúde.

O choro é muitas vezes a extensão de um acesso de riso. É por isso que nos momentos de crise emocional, como quando se recebe a notícia da perda de um ente querido, a pessoa que não consegue aceitar mentalmente aquela morte pode começar a rir. Quando a realidade vem à tona, o riso se transforma em choro.

A sala do riso

Na década de 1980, diversos hospitais americanos introduziram o conceito de "sala do riso". Com base na experiência de Norman Cousins e nas pesquisas do Dr. Patch Adams sobre os efeitos do riso, os hospitais destinaram salas cheias de livros de humor, filmes de comédia e tapes humorísticos e programaram visitas regulares de comediantes e palhaços aos pacientes. As sessões eram diárias, com duração de 30 a 60 minutos. O resultado foi extraordinário – melhoras espetaculares na saúde dos pacientes e redução do tempo médio de hospitalização. A sala do riso trouxe também a redução do número de analgésicos requeridos pelos pacientes que sofriam de dor e facilitou o trato com todos os demais. Pode-se dizer, portanto, que a profissão médica agora leva o riso a sério.

Quem ri vive mais.

Sorrisos e risadas criam vínculos

Robert Provine descobriu que a probabilidade de o riso acontecer em situações sociais é 30 vezes maior do que quando a pessoa está sozinha. Ele descobriu também que o riso tem menos a ver com anedotas do que com a construção de relacionamentos: somente 15% do nosso riso resulta de piadas. Os voluntários dos estudos de Provine foram filmados assistindo a videoclipes de humor em três situações: sozinhos, acompanhados de um estranho do mesmo sexo e acompanhados de um amigo do mesmo sexo.

Somente 15% do nosso riso tem a ver com piadas.
O riso está mais relacionado à criação de vínculos.

Embora entre os voluntários não houvesse diferenças significativas de avaliação quanto à graça dos videoclipes, os que os assistiram sozinhos riram menos do que os que os assistiram ao lado de outra pessoa, fosse um amigo ou um estranho. A ocorrência do riso, assim como sua frequência e duração, era muito maior em situações de interação social.

O humor vende

Karen Machleit, professora de Marketing da Escola de Administração de Negócios da Universidade de Cincinnati, descobriu que acrescentar humor aos anúncios faz crescer as vendas. Suas pesquisas revelaram que o humor aumenta tanto a probabilidade de os consumidores aceitarem as afirmações de um anunciante quanto a credibilidade da fonte, o que significa que os anúncios engraçados com pessoas famosas são mais eficientes.

A boca caída permanentemente

O oposto de repuxar os cantos da boca para mostrar felicidade é abaixá-los, resultando na expressão chamada "boca caída" – característica das pessoas infelizes, desanimadas, deprimidas, zangadas ou tensas. Infelizmente as pessoas que alimentam essas emoções negativas durante a vida inteira tendem a acabar com os cantos da boca permanentemente caídos.

Alguns estudos mostram que essas pessoas são capazes de despertar reações negativas: os outros procuram ficar longe delas, evitam olhá-las nos olhos e se afastam quando elas se aproximam. Se você descobrir que sua boca anda caída, pratique sorrir regularmente, o que não apenas melhorará sua aparência como o fará sentir-se mais positivo.

A boca caída pode se tornar uma expressão facial permanente. A intuição nos diz para ficar longe das pessoas que têm essa expressão.

Um conselho para as mulheres: rir na hora certa

As pesquisas de Marvin Hetch e Marianne La France, da Universidade de Boston, mostram que os subordinados sorriem mais na presença dos superiores e de pessoas dominantes em situações cordiais ou não, enquanto as pessoas em posição superior só sorriem na presença de subordinados em situações cordiais.

Essa pesquisa mostra também que as mulheres sorriem muito

mais do que os homens, tanto em situações profissionais quanto socialmente, o que pode fazer com que pareçam subordinadas ou fracas em reuniões com homens que não sorriem. Há quem afirme que a propensão feminina a sorrir mais resulta da posição historicamente subalterna em que a mulher foi colocada pelos homens. Porém, uma outra pesquisa mostra que os bebês do sexo feminino sorriem mais do que os do sexo masculino já às seis semanas de vida, o que indicaria tratar-se de uma reação inata, e não adquirida. A explicação mais provável é de que o sorriso se ajusta ao papel evolucionário da mulher como protetora e pacificadora da prole. Isso não significa que a mulher não possa ser tão peremptória quanto o homem, e sim que a propensão para sorrir mais pode fazê-la parecer menos decisiva.

É provável que a maior propensão da mulher para sorrir esteja programada em seu cérebro.

A psicóloga social Nancy Henley, da UCLA, descreveu o sorriso da mulher como o seu "distintivo de pacificadora", frequentemente usado para aplacar o homem, mais poderoso. Sua pesquisa mostrou que, socialmente, as mulheres sorriem 87% do tempo, contra 67% no caso dos homens, e têm uma probabilidade 26% maior de retribuir os sorrisos do sexo oposto. Quinze mulheres cujas fotos exibiam rostos felizes, tristes e neutros foram classificadas em termos de atratividade por 257 entrevistados. As mulheres com expressões tristes foram consideradas as menos atraentes, e as que não sorriam foram em geral interpretadas como infelizes. A mesma experiência feita com fotos de homens revelou que os que não sorriem são vistos como dominadores. A lição a ser tirada é de que as mulheres devem sorrir menos quando lidam com homens dominantes em situações profissionais, ou sorrir com intensidade igual à deles. E, por sua vez, os homens que desejam ser mais persuasivos com as mulheres devem sorrir mais em todos os contextos.

O riso no amor

Robert Provine descobriu que, durante a corte, são também as mulheres, e não os homens, que riem e sorriem mais. Neste tipo de situação, o riso é usado como um meio de determinar a probabilidade de o casal estabelecer um relacionamento. Isto é, quanto mais o homem conseguir fazer a mulher rir, mais atraente ela o achará. Isto acontece porque a capacidade de fazer os outros rirem é vista como um traço dominante, e as mulheres preferem homens dominantes. Já os homens preferem mulheres subordinadas. Provine descobriu também que as pessoas subordinadas riem para apaziguar as superiores e que as superiores provocam o riso nas subordinadas – sem que elas próprias riam – como forma de manter a sua superioridade.

Estudos mostram que as mulheres riem para os homens por quem se sentem atraídas, e que os homens se sentem atraídos pelas mulheres que riem para eles.

Isso explica por que o senso de humor é um dos principais itens da lista de prioridades das mulheres em relação aos homens. Quando uma mulher diz: "Ele é um cara muito engraçado, nós passamos a noite inteira rindo", geralmente quer dizer que *ela* passou a noite rindo e ele passou a noite *fazendo* ela rir.

Do ponto de vista do homem, dizer que a mulher tem senso de humor não significa que ela conte piadas; significa que ela ri das piadas dele.

Num nível mais profundo, os homens parecem entender o quanto ser bem-humorado os torna mais atraentes. Boa parte do tempo que passam em companhia de outros homens é gasta em competições para ver quem conta a melhor piada. Isto lhes dá mais status. Muitos ficam irritados quando outro homem domina a sessão de piadas, especialmente quando há mulheres presentes e achando graça. Os homens tendem a achar que o contador de piadas é um idiota, que não é nada engraçado – apesar de as mulheres estarem rindo às gargalhadas. No fundo, eles percebem que os homens bem-humorados parecem mais atraentes à maioria das mulheres. Mas não desanime, você pode aprender a ser um deles.

Resumindo

Quando você sorri para outra pessoa, ela quase sempre lhe retribui o sorriso, o que, devido à lei de causa e efeito, gera sentimentos positivos recíprocos. Estudos mostram que, em geral, os contatos são mais tranquilos, duram mais, criam mais resultados positivos e melhoram sensivelmente o relacionamento quando você usa o sorriso e o riso regularmente, a ponto de torná-los um hábito.

As evidências mostram que o sorriso e o riso reforçam o sistema imunológico, protegem o corpo de males e doenças, vendem ideias, ensinam melhor, atraem mais amigos e prolongam a vida. O humor cura.

Capítulo 4

Sinais com os braços

Quando os homens se sentem ameaçados, eles ficam mais seguros colocando as mãos sobre os órgãos genitais.

Barreiras com os braços

Esconder-se atrás de uma barreira é uma reação normal de proteção que aprendemos desde cedo. Quando pequenos, nós nos escondíamos atrás de objetos sólidos como mesas, cadeiras, armários e as saias de nossas mães sempre que nos víamos diante de uma situação ameaçadora. À medida que crescemos, a prática de se esconder foi se sofisticando: aos 6 anos, mais ou menos, quando se esconder atrás da saia da mãe já não era um comportamento aceitável, aprendemos a cruzar os braços firmemente sobre o peito sempre que surgia uma situação ameaçadora. Quando adolescentes, aprendemos a tornar menos óbvio o gesto de cruzar os braços, relaxando-os um pouco e cruzando também as pernas.

Já mais velhos, o gesto de cruzar os braços evoluiu de maneira a tornar-se menos óbvio para os outros. A barreira formada pelos dois braços cruzados sobre o peito é uma tentativa inconsciente de bloquear tudo o que percebemos como ameaças ou circunstâncias indesejáveis. Os braços cruzados sobre o coração e os pulmões protegem estes órgãos vitais de eventuais ferimentos, o que indica que este, muito provavelmente, é um gesto inato.

Macacos e chimpanzés fazem o mesmo para se proteger de ataques frontais. Uma coisa é certa: quando uma pessoa assume uma postura nervosa, negativa ou defensiva, é bem possível que cruze os braços firmemente sobre o peito, mostrando que se sente ameaçada.

Por que cruzar os braços pode ser prejudicial

Pesquisas realizadas nos Estados Unidos sobre o gesto "braços cruzados" mostram alguns resultados preocupantes. Um grupo de voluntários estudantes foi orientado a assistir a um conjunto de palestras todos sentados de maneira descontraída e informal, com as pernas e os braços descruzados. Um segundo grupo de voluntários foi instruído a assistir às mesmas palestras com os braços firmemente cruzados sobre o peito. Os resultados mostraram que o grupo que assistiu às palestras com os braços cruzados reteve 38% menos informação do que o grupo que manteve os braços descruzados. O grupo de braços cruzados também externou uma opinião mais crítica a respeito das palestras e do palestrante.

Quando você cruza os braços, a sua credibilidade diminui sensivelmente.

Em 1989, repetimos este teste com 1.500 participantes de seis diferentes conferências, com resultados praticamente idênticos. Eles revelaram que os ouvintes, quando cruzam os braços, não apenas têm mais pensamentos negativos a respeito do orador como também prestam menos atenção ao que está sendo dito. É por esta razão que os centros de treinamento devem ser equipados com cadeiras de braços. Elas fazem com que as pessoas que estão sendo treinadas fiquem de braços descruzados.

É... mas eu me sinto "confortável" assim

Algumas pessoas costumam cruzar os braços simplesmente porque é confortável. Todo gesto é confortável quando corresponde à atitude interna. Isto é, num momento de atitude negativa, defensiva ou nervosa, cruzar os braços fará você se sentir confortável. Mas, se você estiver se divertindo, cruzar os braços o fará sentir-se estranho.

Lembre-se de que, como sempre ocorre com a linguagem corporal, o significado da mensagem está tanto na pessoa que a recebe quanto na que a envia. Você pode até se sentir "confortável" com os braços cruzados e as costas e o pescoço rígidos, mas as pesquisas mostram que a reação das outras pessoas a esses gestos é negativa. Portanto, a clara lição a se tirar daqui é: evite cruzar os braços em quaisquer circunstâncias, a menos que sua intenção seja mostrar aos outros que você não concorda com eles ou não quer participar da conversa.

Talvez você ache que cruzar os braços é apenas confortável, mas os outros podem achar que você não é acessível.

Diferenças de gênero

Os braços do homem fazem uma leve rotação para dentro, ao passo que os da mulher fazem uma leve rotação para fora. Esta diferença dá ao homem a capacidade de mirar e atirar com maior precisão, enquanto os cotovelos alargados das mulheres lhes proporcionam uma posição mais ampla e estável para carregar os bebês. Uma diferença interessante é que as mulheres tendem a manter os braços mais soltos quando estão próximas de homens que as atraem e a cruzá-los sobre os seios quando próximas de homens que consideram agressivos ou pouco atraentes.

Braços cruzados sobre o peito

Os braços cruzados sobre o peito indicam o desejo de colocar uma barreira entre a pessoa e alguém ou alguma coisa de que ela não gosta. A posição de braços cruzados tem muitas variantes. Aqui falaremos das que se veem com mais frequência. O gesto braços cruzados sobre o peito é universal – tem o mesmo significado negativo ou defensivo em toda parte, sendo comumente adotado nas reuniões públicas, filas, elevadores e outros lugares onde as pessoas se sintam em dúvida ou inseguras.

Braços cruzados sobre o peito: ele não sai e você não entra

Certa vez, uma universidade promoveu um debate entre uma ONG que luta pela preservação do meio ambiente e empreendedores imobiliários para discutir a questão da derrubada de árvores. Os construtores se sentavam de um lado da sala, e seus adversários, os "verdes", de outro. No começo da reunião, metade dos presentes estava sentada com os braços cruzados. Esta proporção subiu para 90% entre os verdes quando os construtores se dirigiram ao público, e para quase 100% entre os construtores quando foi a vez de os verdes falarem. Isto mostra que as pessoas cruzam os braços quando discordam do que estão ouvindo. Oradores experientes sabem que quando o público está de braços cruzados é necessário lançar mão de algum recurso para "quebrar o gelo" e fazer a plateia assumir uma postura receptiva que indique uma abertura para ouvir e acolher o que vai ser dito.

Quando uma pessoa cruza os braços à sua frente, é razoável supor que você tenha dito algo de que ela discorda. Não adianta continuar argumentando, mesmo que o outro concorde verbalmente com você. A verdade é: a linguagem corporal é mais sincera do que as palavras.

Enquanto a pessoa continuar de braços cruzados, a atitude negativa persistirá.

Procure descobrir o motivo que levou a pessoa a cruzar os braços e tente induzi-la a uma postura mais receptiva. A atitude causa o gesto, e a manutenção do gesto força a permanência da atitude.

Solução

Uma maneira simples, porém eficaz, de quebrar a postura dos braços cruzados é dar ao interlocutor um objeto para segurar ou alguma coisa para fazer. Canetas, livros, folhetos, amostras ou testes escritos obrigam-no a descruzar os braços e inclinar-se para a frente, colocando-se numa postura mais aberta e, consequentemente, numa atitude mais receptiva. Pedir que a pessoa se incline para a frente pode ser também uma maneira eficaz de quebrar a postura dos braços cruzados.

Outra maneira é você inclinar-se para a frente com as mãos espalmadas para cima e dizer: "Eu vejo que você tem uma pergunta... o que gostaria de saber?" ou "Qual é a sua opinião?". Aí você se senta ou se inclina para trás indicando que é a vez de a outra pessoa falar. Com as palmas das mãos, você está dizendo de maneira não verbal que gostaria de que ela fosse tão sincera e franca quanto você.

Vendedores e negociadores costumam aprender que em geral é mais seguro não continuar a apresentação de um produto ou ideia até que se descubra o motivo pelo qual o potencial cliente está de braços cruzados. Muitas vezes os compradores têm objeções ocultas que a maioria dos vendedores não percebe por não prestar atenção ao gesto dos braços cruzados, que é a forma como os compradores sinalizam seus sentimentos negativos a respeito de alguma coisa.

Braços firmemente cruzados

O gesto de braços cruzados com os punhos cerrados demonstra uma atitude tanto hostil quanto defensiva; é uma atitude não apenas agressiva como indicativa de ataque. Combinada com um sorriso de lábios e dentes cerrados e rosto vermelho, faz supor a iminência de um ataque verbal, ou até mesmo físico. É necessária uma abordagem conciliatória para descobrir a causa, caso ela já não esteja patente.

Braços cruzados com os punhos cerrados é indicativo de uma atitude hostil

Agarrar os braços com as duas mãos

Agarrar os braços com as duas mãos é um gesto que a pessoa faz para se reforçar e evitar expor a parte da frente do corpo. Às vezes os braços são apertados com tanta força que os nós dos dedos ficam esbranquiçados por falta de circulação. É uma maneira de a pessoa se confortar com uma espécie de autoabraço. Esta posição, que demonstra uma atitude negativa e contida, costuma ser vista em salas de espera de médicos e dentistas, e é também comum em aeroportos, especialmente em pessoas que têm medo de avião.

Agarrar os braços com as duas mãos: inseguro e resistente a comprar o que você está querendo lhe vender

Nos tribunais, os reclamantes são vistos muitas vezes de braços cruzados com os punhos cerrados, e os réus costumam agarrar os braços com as duas mãos.

O chefe versus a equipe

O status é capaz de influenciar a maneira de se cruzarem os braços. Uma pessoa poderosa pode fazer sentir a sua superioridade não cruzando os braços, como se estivesse dizendo: "Eu não tenho medo, por isso mantenho o meu corpo aberto e vulnerável." Digamos, por exemplo, que numa atividade social da empresa o gerente-geral é apresentado a vários novos empregados. Depois de cumprimentá-los com a mão espalmada para baixo, ele recua um pouco – a um metro de distância – com as mãos nos bolsos (não envolvimento). Raramente ele cruza os braços sobre o peito, evitando assim demonstrar qualquer indício de nervosismo.

Os novos empregados, por sua vez, depois de apertarem a mão do chefe, se postam com os braços total ou parcialmente cruzados, apreensivos por estarem na presença da pessoa mais poderosa da empresa. Tanto o gerente-geral quanto os novos empregados se sentem confortáveis com seus gestos, que sinalizam seus respectivos status. Mas o que aconteceria se o gerente-geral se deparasse com um empregado jovem e empreendedor que adotasse uma postura superior, sinalizando que se considera tão importante quanto ele? É bem provável que, depois de um aperto de mão dominante, o jovem executivo adotasse a postura dos braços cruzados com os polegares virados para cima.

Essa postura é um gesto que mostra que o sujeito está "na dele" e no controle da situação. Ao falar, ele gesticula com os polegares para enfatizar as questões que está expondo. Os polegares virados para cima indicam que mostramos aos outros a nossa atitude autoconfiante, embora os braços cruzados, por sua vez, transmitam um sentimento de proteção.

A pessoa que tem uma atitude defensiva e é ao mesmo tempo submissa tende a se sentar numa posição simétrica, o que significa que os dois lados de seu corpo se espelham perfeitamente. Seu tônus muscular é tenso e ela dá a impressão de estar à espera de ser atacada. Já a pessoa que assume uma atitude defensiva, porém dominante, tende a se posicionar de forma assimétrica, isto é, os dois lados do corpo se colocam de forma diferente.

Polegares para cima

Quando, ao final de uma apresentação sua, o seu interlocutor estiver de braços cruzados com os polegares virados para cima, associados a outros gestos positivos, isto é uma clara indicação de que você pode confortavelmente fazer sua proposta. Mas se ele estiver de braços cruzados com os punhos cerrados e com

Polegares para cima: defensivo, porém confiante

uma expressão ambígua no rosto, você vai enfrentar problemas para obter um "sim". Seria melhor antes tentar descobrir as suas objeções. Depois de ouvir um "não" a uma proposta sua, toda tentativa que você fizer para levar a outra pessoa a mudar de ideia dará a impressão de que você é um tipo agressivo. A capacidade de ler a linguagem corporal permite que você "veja" uma decisão negativa antes de ela ser verbalizada, o que lhe dá tempo de tentar uma linha de ação alternativa.

Conseguindo perceber um "não" antes de ele ser dito, você poderá tentar uma abordagem diferente.

Pessoas que portam armas ou usam blindagem raramente cruzam os braços, porque sua arma ou blindagem lhes proporciona proteção corporal suficiente. Policiais portando armas, por exemplo, raramente cruzam os braços, a menos que estejam montando guarda. Neste caso, eles ficam de punhos cerrados para deixar claro que ninguém tem permissão para passar pelo lugar onde estão.

Abraçando a si próprio

Quando éramos crianças, nossos pais e babás nos abraçavam e acariciavam quando enfrentávamos alguma circunstância tensa ou perturbadora. Adultos, nós muitas vezes tentamos recriar essas sensações reconfortantes ao nos vermos diante de situações difíceis. A mulher, em vez de cruzar totalmente os braços – gesto que pode transmitir a impressão de medo –, costuma adotar uma versão mais sutil – os "braços parcialmente cruzados", posição em que um dos braços cruza o corpo e segura ou toca o outro braço, formando uma barreira e dando a impressão de que ela está se abraçando. Barreiras parciais com os braços costumam ser usadas por pessoas que se sentem deslocadas no grupo em uma reunião e por pessoas inseguras ou com baixa autoestima. As mulheres que assumem esta posição em situações tensas geralmente afirmam que se sentem mais "confortáveis" assim.

Segurando a si própria como sua mãe a segurava quando ela era criança

Já os homens usam uma barreira de braços parcial, conhecida como "mãos dadas consigo mesmo", geralmente quando aparecem diante de uma multidão para receber um prêmio ou fazer um discurso. Também conhecida como "zíper enguiçado", esta posição faz o homem se sentir seguro protegendo seus genitais e se precavendo contra um possível golpe frontal desagradável.

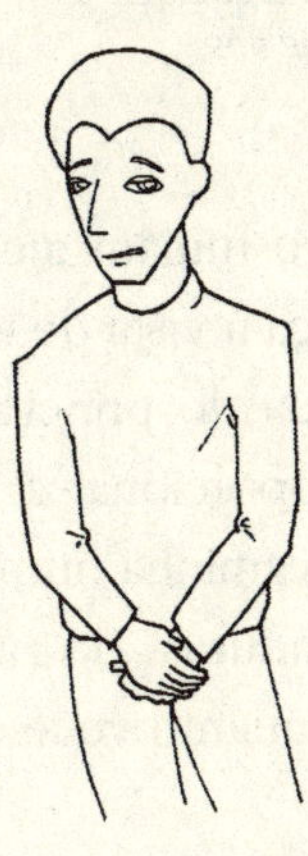

A posição do zíper enguiçado

Esta posição os homens também assumem nas filas dos restaurantes populares e nas agências de benefícios do seguro social. Ela revela sentimentos de desalento e vulnerabilidade e reproduz a sensação de ter uma outra pessoa segurando a sua mão.

Como os ricos e famosos revelam sua insegurança

Pessoas continuamente expostas ao público, como membros da realeza, políticos, personalidades da TV e artistas de cinema, em geral não querem que as pessoas detectem seu nervosismo e sua insegurança. Apesar de projetar atitudes tranquilas, calmas e controladas, elas deixam entrever sua ansiedade e apreensão nas várias maneiras de cruzar os braços. Em geral, uma das mãos toca ou segura uma bolsa, um bracelete, um relógio, o punho da camisa ou algum outro objeto sobre ou próximo do outro braço. Assim, formam uma barreira que lhes dá a sensação de segurança desejada.

Os famosos ficam tão nervosos em público quanto qualquer um de nós

Homens que usam abotoaduras costumam ajustá-las quando cruzam uma sala ou um salão de dança à vista de todos. O "ajuste das abotoaduras" é a marca registrada do príncipe Charles, por exemplo, que faz este gesto para proporcionar a si mesmo uma sensação de segurança toda vez que caminha num espaço aberto diante do povo. O "ajuste das abotoaduras" do príncipe Charles revela que ele se sente tão inseguro quanto você e eu nos sentiríamos nas mesmas circunstâncias.

É comum vermos homens ansiosos ou inibidos ajustando a pulseira do relógio, checando o conteúdo da carteira, batendo ou esfregando as mãos, brincando com o botão do punho da camisa ou fazendo outros movimentos que deixem o braço atravessado na frente do corpo. Um dos gestos mais comuns de executivos inseguros é entrar em reuniões de negócios portando uma pasta ou um folheto na frente do corpo. Ao observador treinado, estes gestos revelam os reais sentimentos da pessoa, porque não servem a nenhum propósito real, exceto a tentativa de disfarçar o nervosismo. Eles podem ser observados em situações em que as pessoas são obrigadas a passar na frente de um grupo de circunstantes: o homem que cruza o salão para tirar uma mulher para dançar, a pessoa que atravessa todo o palco para receber um prêmio, etc.

O uso de barreiras de braço disfarçadas é menos perceptível entre as mulheres do que entre os homens: elas têm mais opções de se agarrar a objetos como bolsas e adereços quando se sentem inibidas ou inseguras. Os membros da realeza, como a princesa Anne da Inglaterra, costumam se agarrar a buquês de flores quando circulam em público. O "abraço na bolsa/buquê" é um dos gestos favoritos da rainha Elizabeth. Como é improvável que carregue batom, maquiagem, cartões de crédito e entradas de teatro na bolsa, ela a usa, quando necessário, como uma espécie de cobertor de segurança e meio de enviar mensagens; observadores da realeza registraram 12 sinais que ela envia aos seus acompanhantes indicando quando quer andar, parar, sair ou ser resgatada da companhia de alguém que a aborrece.

A xícara de café usada como barreira

Oferecer uma bebida durante uma negociação é uma excelente estratégia para avaliar como uma pessoa está recebendo a sua oferta. O lugar onde ela coloca a xícara após tomar a bebida é um forte indicador de que ela está ou não convencida ou aberta à sua proposta. Uma pessoa hesitante, insegura ou negativa a respeito do que está ouvindo tende a colocar sua xícara do lado oposto da mão que a segura, para formar uma barreira de braço entre ela e o interlocutor. A pessoa que aceita o que ouve geralmente deixa a xícara do mesmo lado da mão que a segura, mostrando uma atitude aberta e receptiva.

Sentar-se com os cotovelos apoiados no braço da cadeira é um gesto de poder que transmite uma imagem forte e direta. Pessoas submissas e derrotadas costumam deixar os braços caídos ao lado da cadeira. Preste atenção para evitar essa posição, a menos que seu objetivo seja dar a impressão de derrota.

A barreira de braço diz "não"

Ela agora está aberta às suas ideias

O poder do toque

Tocar uma pessoa com a mão esquerda enquanto lhe aperta a mão com a direita pode produzir resultados extraordinários.

Pesquisadores da Universidade de Minnesota realizaram uma experiência que se tornou conhecida como o "teste da cabine telefônica". Eles colocavam uma moeda sobre a prateleira de uma cabine telefônica e se escondiam atrás de uma árvore à espera de que uma pessoa entrasse e a encontrasse. Aí um dos pesquisadores se aproximava da pessoa e dizia: "Por acaso você viu a minha moeda na prateleira da cabine? Eu preciso dela para fazer outra ligação." Somente 23% dos testados admitiram ter encontrado a moeda e a devolveram.

Na segunda parte da experiência, a moeda era novamente colocada na prateleira da cabine, mas os pesquisadores, ao se aproximarem da pessoa que a pegara, tocavam-na levemente no cotovelo durante três segundos e perguntavam pela moeda. Desta vez, 58% das pessoas admitiram ter apanhado a moeda. Embaraçadas, elas diziam coisas como: "Eu estava mesmo tentando descobrir quem a tinha perdido..."

Hábeis toques no cotovelo triplicam as suas chances de obter o resultado desejado.

O sucesso dessa técnica se explica pelo fato de o cotovelo ser um lugar aceitável, por estar distante das partes mais íntimas do corpo, e porque o toque por três segundos não é inconveniente, mesmo num estranho.

Quando repetimos essa experiência para um programa de televisão, descobrimos que o índice de devolução da moeda variava de uma cultura para outra, dependendo da frequência com que o toque fosse considerado normal. Com o toque no cotovelo, a moeda foi devolvida por 72% dos australianos, 70% dos ingleses, 85% dos alemães, 50% dos franceses e 22% dos italianos. Este resultado mostra que o toque no cotovelo funciona melhor nos lugares onde o toque frequente *não* é a norma cultural. Nós registramos a frequência com que as pessoas se tocam nos cafés de vários países que visitamos regularmente: observamos 220 toques por hora em Roma, 142 em Paris, 25 em Sydney, 4 em Nova York e zero toque em Londres, o que confirma que quanto maior a herança britânica ou germânica, menor a probabilidade de as pessoas se tocarem e, por conseguinte, maior a chance de que um breve toque no cotovelo resulte em sucesso para você.

Verificamos também que as mulheres são quatro vezes mais propensas a tocar outras mulheres do que os homens a tocar outros homens. Em muitos lugares, tocar estranhos *acima* ou *abaixo* do cotovelo não produziu resultados tão positivos quanto tocá-los diretamente no cotovelo. Além disso, causou diversas reações negativas: as pessoas olhavam com estranheza para a nossa mão procurando ver o que estávamos fazendo.

Toque as mãos deles também

Um outro estudo foi feito com bibliotecários que, ao entregar um livro a um usuário, acariciavam-lhe muito ligeiramente a mão. Do lado de fora da biblioteca, os usuários eram solicitados a responder perguntas a respeito de suas impressões sobre o serviço dispensado. Os que haviam sido tocados responderam mais favoravelmente a todas as perguntas e se lembravam mais do nome do bibliotecário ou da bibliotecária. Estudos realizados em supermercados ingleses onde os fregueses eram levemente tocados na mão ao receberem o troco também mostram reações positivas dos clientes. A mesma experiência foi realizada nos Estados Unidos com garçonetes que tiravam boa parte de seus rendimentos de gorjetas dos fregueses. As garçonetes que tocavam os cotovelos e as mãos dos clientes ganhavam 36% a mais de gorjetas de frequentadores homens do que as que não tocavam. Os garçons aumentavam em 22% os seus rendimentos, independentemente do sexo das pessoas que tocavam.

Da próxima vez que você for apertar a mão de uma pessoa a quem estiver sendo apresentado, estenda o braço esquerdo, dê um leve toque em sua mão ou cotovelo durante o cumprimento, repita o nome dela para confirmar que você o entendeu corretamente e observe a sua reação. Isto não apenas faz com que a pessoa se sinta importante, como também o ajuda a lembrar o nome dela por causa da repetição.

Tocar – discretamente – o cotovelo e a mão capta a atenção, reforça a observação, eleva o conceito, aumenta a sua influência e cria impressões positivas em todas as pessoas.

Resumindo

Independentemente de suas motivações, cruzar os braços na frente do corpo é sempre visto como negativo, e a mensagem está tanto na cabeça de quem a recebe como na de quem a envia. Mesmo que você cruze os braços porque, digamos, está com dor nas costas, o observador o perceberá inconscientemente como uma pessoa fechada às suas ideias. Tome agora mesmo a decisão de praticar *não* cruzar os braços, e nós lhe mostraremos nos próximos capítulos o que fazer para projetar uma imagem mais positiva e confiante.

Capítulo 5

Sinais de avaliação e fraude

A interpretação dos gestos de levar a mão ao rosto

Se você dissesse a pura verdade a todas as pessoas do seu relacionamento, quais seriam as consequências? Se você sempre dissesse as *exatas palavras* que passam pela sua cabeça, que resultados isso traria para a sua vida? Pense nos seguintes exemplos:

Você para o seu patrão: *"Bom dia, chefe – seu grande medíocre."*

O lojista para a freguesa: *"Obrigado pela preferência, Susan, e que peitos maravilhosos você tem."*

A mulher para o vizinho: *"Obrigada por me ajudar com as compras. Você até que tem um traseiro bem atraente, mas quem é o imbecil que corta o seu cabelo?"*

Você para a sua sogra: *"Que bom revê-la – sua velha coroca intrometida e insuportável."*

Quando uma mulher lhe pergunta "Este vestido me deixa gorda?", qual é a sua resposta? Se você é homem e sabe o que lhe convém, dirá que ele parece bastante adequado, embora provavelmente pense: "Não é o vestido que te deixa gorda – é a montanha de bolo com sorvete que você come todo dia."

Se você dissesse a todo mundo a verdade inteira o tempo todo, não apenas ficaria só como poderia acabar no hospital ou na prisão. A mentira é o óleo que lubrifica nossos contatos com as outras pessoas e nos permite manter relações sociais amistosas.

São as chamadas *mentiras brancas*, que têm por objetivo fazer os outros se sentirem bem em vez de lhes comunicar a verdade nua e crua. As pesquisas mostram que os mentirosos sociais são mais populares do que as pessoas que dizem a verdade o tempo todo. Já a *mentira maldosa* é aquela com que um indivíduo se propõe a enganar deliberadamente a outra pessoa em benefício próprio.

O estudo da mentira

Os sinais de mentira menos confiáveis são aqueles sobre os quais o mentiroso tem maior controle, como as palavras, passíveis de ser ensaiadas. Os indicadores mais seguros para saber se uma pessoa está mentindo são os gestos que ela faz automaticamente, porque sobre estes ela tem pouco ou nenhum controle.

Robert Feldman, da Universidade de Massachusetts, estudou conversas de 121 casais com uma terceira pessoa. Um terço dos voluntários foram instruídos a parecer verossímeis; um terço, a parecer competentes; e o restante, a parecer simplesmente eles mesmos. Em seguida, todos os voluntários foram solicitados a assistir aos vídeos de suas conversas e identificar as mentiras que disseram, fossem grandes ou pequenas. Algumas mentiras eram "brancas", como dizer que gostavam de uma pessoa de quem na verdade não gostavam, enquanto outras eram mais "cabeludas", como fingir serem o astro de uma banda de rock. Feldman apurou que 62% de seus voluntários disseram uma média de duas a três mentiras a cada 10 minutos. James Patterson, autor de *The Day America Told the Truth* (O dia em que a América disse a verdade), descobriu, ao entrevistar mais de 2.000 americanos, que 91% mentiam regularmente tanto em casa quanto no trabalho.

"Sempre a melhor política é falar a verdade, a menos, é claro, que você seja um mentiroso excepcionalmente bom."

J. K. JEROME

Como saber então se uma pessoa está mentindo, se está sendo evasiva, ou apenas refletindo sobre uma questão? O reconhecimento dos gestos de fraude, adiamento, tédio e avaliação é uma das habilidades mais importantes que você pode aprender. Neste capítulo, vamos ensinar-lhe os sinais da linguagem corporal que traem as pessoas. A primeira parte do capítulo tratará da mentira e da fraude.

Os três macaquinhos sabidos

Quando vemos, falamos ou ouvimos mentiras, tendemos a tapar a boca, os olhos e os ouvidos com as mãos.

Ao ouvir más notícias ou testemunhar um acidente terrível, as pessoas costumam cobrir o rosto com as mãos para se protegerem simbolicamente da desgraça. Este foi o gesto mais observado em todo o mundo diante das imagens dos aviões se chocando contra as Torres Gêmeas em 11 de setembro de 2001.

Como já dissemos, as crianças levam as mãos ao rosto abertamente quando mentem. Ao contar uma mentira, a criança geralmente tapa a boca com uma ou ambas as mãos numa tentativa de impedir que as palavras mentirosas escapem. Para não ouvir o pito do pai ou da mãe, ela simplesmente tapa os ouvidos com as mãos para bloquear o som. Para não ver alguma coisa que não quer olhar, ela cobre os olhos com as mãos ou os braços. Já vimos antes que, quando a criança cresce, o gesto de levar a mão ao rosto se torna mais rápido e menos óbvio, mas isso ainda acontece quando a pessoa mente, encobre ou testemunha uma mentira. Esses gestos são também associados à dúvida, à incerteza ou ao exagero.

Desmond Morris realizou uma pesquisa na qual se instruíram enfermeiras, numa situação dramatizada, a mentir para os pacientes a respeito de sua saúde. Observou-se que as enfermeiras que mentiam levavam a mão ao rosto com mais frequência do que as que diziam a verdade aos pacientes. Além disso, constatou-se que tanto os homens quanto as mulheres engolem mais em seco quando mentem, o que é muito mais perceptível nos homens por causa do pomo de adão.

"Eu não tive relações sexuais com esta mulher", disse o político, engolindo em seco e esfregando o nariz.

Como dissemos no começo deste livro, nós aqui analisaremos e discutiremos gestos isolados, embora não seja desta maneira que eles normalmente acontecem. Os sinais corporais geralmente fazem parte de um grupo gestual mais amplo e devem ser estudados da mesma forma que as palavras no interior das frases, isto é, observando-se a importância de cada uma em relação às demais e ao contexto em que são empregadas. Um gesto de levar a mão ao rosto nem sempre significa que a pessoa está mentindo, mas indica que ela pode estar sonegando alguma informação; a observação de outros grupos gestuais pode confirmar ou afastar as suas suspeitas. Evite interpretar gestos de levar a mão ao rosto isolando-os dos demais e do contexto.

Não existe movimento ou expressão facial ou esgar que garanta que a pessoa está mentindo. Mas aprender a reconhecer os vários grupos gestuais pode aumentar sensivelmente as suas chances de identificar uma mentira.

Como o rosto revela a verdade

O rosto, mais do que qualquer outra parte do corpo, é usado para encobrir as nossas mentiras. Lançamos mão de sorrisos, assentimentos com a cabeça e piscares de olhos para tentar nos esconder, mas, infelizmente para nós, os sinais faciais incoerentes com nossos gestos corporais revelarão a verdade. Nossas atitudes e emoções são continuamente reveladas por nossos rostos, coisa de que estamos completamente inconscientes a maior parte do tempo.

Fugazes incongruências no rosto revelam conflitos em nossas emoções.

A tentativa de disfarçar uma mentira, ou a passagem de um certo pensamento pela cabeça, fica patente durante uma fração de segundo no rosto das pessoas. Geralmente interpretamos um breve toque no nariz como resultado de uma coceirinha, ou achamos que a pessoa pousou a mão no rosto porque está muito interessada em nós, sem suspeitar da possibilidade de a estarmos chateando mortalmente. Certa vez, filmamos um homem que contava como se dava bem com a sogra. Toda vez que ele mencionava o nome da mãe da mulher, o lado esquerdo do seu rosto se levantava num risinho que durava uma fração de segundo, mas nos dizia uma enormidade sobre os seus reais sentimentos.

O fato é que as mulheres mentem melhor

Em *Por que os homens mentem e as mulheres choram?* mostramos que as mulheres são mais hábeis do que os homens na leitura das emoções e, por conseguinte, mais capazes de manipular as pessoas com mentiras apropriadas. Sanjida O'Connell, Ph.D., realizou uma pesquisa de cinco meses sobre a mentira e concluiu que as mulheres mentem muito melhor do que os homens. Ela descobriu que as mulheres contam mentiras mais complicadas do que eles, que preferem lorotas simples do tipo "Eu perdi o ônibus" ou "A bateria do celular acabou – por isso não deu para te ligar". O'Connell descobriu também que acreditamos mais nas pessoas atraentes do que nas pouco atraentes, o que explica por que líderes como John Kennedy e Bill Clinton conseguiram se safar apesar de tudo o que aprontaram.

Por que é difícil mentir

Como dissemos no capítulo 3, a maioria das pessoas acredita que o indivíduo que mente sorri mais do que o habitual, mas as pesquisas mostram que é exatamente o contrário – o indivíduo que mente sorri menos. A dificuldade com a mentira é que o subconsciente age automática e independentemente da nossa mentira verbal e faz com que a linguagem corporal nos traia. É por isso que a pessoa que raramente conta uma mentira é facilmente apanhada, por mais convincente que pareça. Os sinais contraditórios enviados por seu corpo no momento em que começa a mentir transmitem a sensação de que ela não está dizendo a verdade. No ato da mentira, o subconsciente libera energia nervosa, que se manifesta em gestos que contradizem o que acabou de ser dito. Mentirosos profissionais, como políticos, advogados, atores e anunciantes de televisão, aperfeiçoam seus gestos corporais a ponto de tornar difícil "enxergar" onde está a mentira, e as pessoas acabam caindo direitinho.

Os mentirosos profissionais fazem isso de duas maneiras. Primeiro, praticam gestos que "parecem" adequados ao contexto da mentira, o que só dá certo quando já se tem uma longa prática de mentir. Segundo, reduzem o gestual de modo a não fazer nenhum gesto positivo ou negativo ao mentir, o que também não é nada fácil.

Os mentirosos, tal como os atores, com a prática se tornam convincentes.

Faça o seguinte teste – diga uma mentira deliberada na frente de uma pessoa e faça um esforço consciente para suprimir todos os seus gestos corporais. Mesmo com a supressão dos principais gestos corporais, vários microgestos ainda serão transmitidos, como as contorções dos músculos faciais, a dilatação e contração das pupilas, o suor, o rubor sutil das faces, a frequência do piscar de olhos – que sobe de 10 para 50 por minuto – e muitos outros indicadores de mentira. Pesquisas feitas em câmara lenta mostraram que esses microgestos duram frações de segundo e só são observados por profissionais experientes, como entrevistadores, vendedores e pessoas extremamente perceptivas.

É óbvio, portanto, que para ser bem-sucedido na mentira você precisa deixar o corpo oculto ou fora do alcance da visão. Nos interrogatórios policiais, o interrogado é colocado numa cadeira no meio da sala, com todo o seu corpo sob luzes fortes e à vista dos interrogadores. Nessas condições, fica muito mais fácil detectar suas mentiras. É mais fácil mentir quando se está sentado à mesa com o corpo parcialmente oculto ou atrás de uma porta fechada. A melhor maneira de mentir é via telefone ou e-mail.

Os oito gestos mais comuns associados à mentira

1. Tapar a boca

Tapar a boca

Como já dissemos, a mão cobre a boca porque o cérebro a instrui subconscientemente a reprimir as palavras enganosas que estão sendo ditas. Às vezes este gesto é feito com os dedos ou até com o punho fechado sobre a boca, mas seu significado é sempre o mesmo. Algumas pessoas tentam disfarçar este gesto simulando tosse.

Se a pessoa que fala usar este gesto, é sinal de que pode estar mentindo. Se ela cobrir a boca enquanto *você* fala, é sinal de que ela talvez ache que *você* está escondendo algo. Uma das coisas mais inquietantes que pode ocorrer a um conferencista é ver a audiência fazer este gesto durante a sua fala. Neste caso, o orador deve parar e perguntar, "Alguém gostaria de fazer alguma pergunta?", ou "Eu vejo que algumas pessoas discordam. Vamos ouvir as perguntas". Isto permite que as objeções da plateia venham à tona, dando ao orador a oportunidade de ponderar suas afirmações e responder às perguntas dos ouvintes. O mesmo deve ser feito quando estes estão de braços cruzados.

Tapar a boca pode parecer tão inocente quanto fazer "*shhh*" colocando o dedo indicador verticalmente sobre os lábios. É provável que ele tenha sido usado pela mãe ou pelo pai da pessoa quando ela era criança. Na idade adulta, a pessoa o reproduz na tentativa de dizer a si mesma para guardar alguma coisa que está sentindo. O problema é que o gesto adverte o outro para o fato de que algo está sendo contido ou ocultado.

2. Tocar o nariz

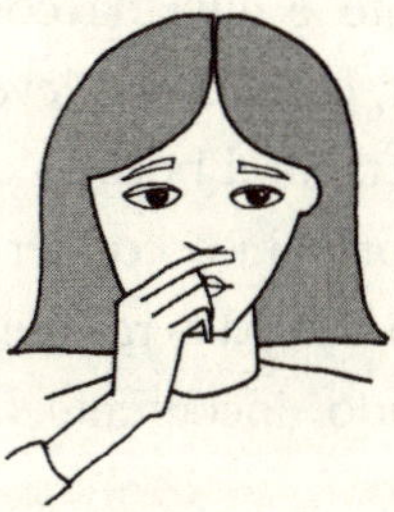
Tocar o nariz

Este gesto pode consistir tanto em dar um único toque rápido e quase imperceptível no nariz quanto umas esfregadelas embaixo dele. As mulheres fazem este gesto com toques mais discretos do que os homens, talvez para não borrar a maquiagem.

É importante lembrar que estes gestos devem ser lidos em grupos e em seus respectivos contextos; a pessoa pode estar resfriada ou com uma alergia.

Cientistas da Fundação para a Pesquisa e Tratamento do Olfato e do Paladar de Chicago descobriram que, ao mentir, os indivíduos liberam substâncias causadoras do intumescimento do tecido interno do nariz. O exame do fluxo sanguíneo por meio de câmeras especiais revelou que a mentira intencional causa um aumento da pressão arterial e que o nariz humano se expande com o afluxo de sangue durante o ato de mentir, fenômeno conhecido como "Efeito Pinóquio". A pressão sanguínea elevada intumesce e faz formigar as terminações nervosas do nariz, provocando o ato de esfregá-lo rapidamente com a mão para aliviar a "coceira".

Embora não possa ser visto a olho nu, o intumescimento do nariz é o que parece causar o gesto de tocar o nariz. O mesmo fenômeno ocorre quando a pessoa está transtornada, ansiosa ou irada.

Numa extensa análise do testemunho de Bill Clinton ao Grande Júri sobre seu caso com Monica Lewinsky, o neurologista Alan Hirsch e o psiquiatra Charles Wolf descobriram que Clinton, quando dizia a verdade, não tocava o nariz. Quando mentia, porém, ele franzia a testa durante uma fração de segundo antes de responder e tocava o nariz uma vez a cada quatro minutos, num total de 26 toques.

3. E a coceira no nariz?

A coceira no nariz de uma pessoa geralmente é aliviada com uma fricção intencional ou com o ato de coçar, em vez dos leves toques no nariz. Como ocorre com o gesto de tapar a boca, o de tocar o nariz pode tanto ser usado pelo orador para esconder a própria mentira como pelo ouvinte que duvida das palavras dele. Coçar é geralmente um gesto repetitivo isolado, incoerente ou estranho ao contexto da conversação em curso.

4. Esfregar os olhos

Esfregar os olhos

A criança, quando não quer ver alguma coisa, tapa os olhos com uma ou ambas as mãos. O adulto, quando não quer olhar para algo desagradável, tende a esfregar os olhos. Esfregar os olhos é a ação com que o cérebro tenta bloquear as coisas enganosas, duvidosas ou desagradáveis que a pessoa vê ou evitar olhar para o rosto da pessoa para quem se está mentindo. Os homens costumam esfregar os olhos energicamente e, quando a mentira é gritante, desviar o olhar. As mulheres são menos propensas a esfregar os olhos porque foram condicionadas desde meninas a evitar gestos vigorosos e tomam cuidado para não estragar a maquiagem. Elas também evitam o olhar do interlocutor, desviando o seu.

5. Pegar na orelha

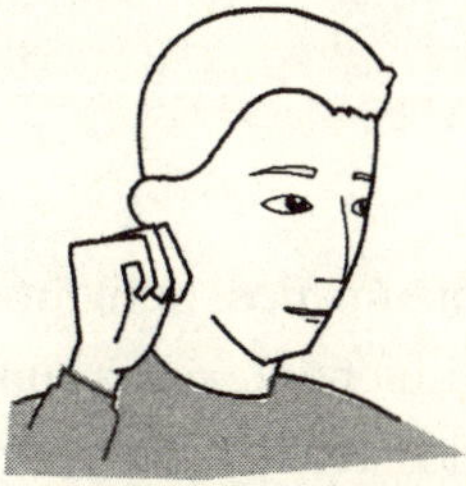

Pegar na orelha

Imagine-se dizendo a uma pessoa "Custa apenas 1.000 reais", e aí ela pega na própria orelha, olha para o lado e responde "Acho que é um bom negócio". Este gesto é uma tentativa simbólica de "não ouvir nada de mau". Ela coloca a mão em volta ou sobre a orelha, ou cutuca o lóbulo para tentar bloquear as palavras que está ouvindo. Esta é a versão adulta do gesto de tapar os ouvidos feito pelas crianças quando querem se esquivar dos pitos dos pais. Outras variantes do gesto de pegar na orelha são: coçar atrás da orelha, mover a ponta do dedo para dentro e para fora da orelha, puxar o lóbulo e dobrar a orelha inteira para a frente de maneira a cobrir o conduto auditivo.

Pegar na orelha pode também ser um sinal de que a pessoa já ouviu o suficiente ou de que não quer falar. Tal como tocar o nariz, pegar na orelha é um gesto usado por pessoas que estão ansiosas. O príncipe Charles costuma pegar na orelha e tocar o nariz ao entrar em salas cheias de gente ou passar por uma grande multidão, gestos reveladores da ansiedade que essas situações lhe causam. Nunca se viu uma foto do príncipe Charles fazendo tais gestos na relativa segurança do seu automóvel.

6. Coçar o pescoço

Neste caso, o dedo indicador – geralmente da mão direita – coça a parte lateral do pescoço abaixo do lóbulo da orelha. Nós observamos que as pessoas que fazem este gesto friccionam a pele cinco vezes em média. Este é um sinal de dúvida ou incer-

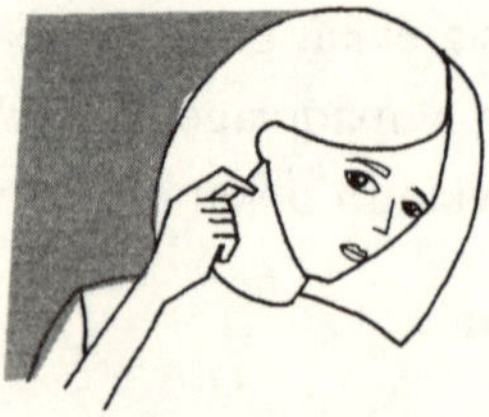

Coçar o pescoço

teza, característico da pessoa que diz "Eu não sei se estou de acordo". É um gesto muito claramente negado pela linguagem verbal, por exemplo, quando a pessoa diz algo do tipo "Eu entendo como você se sente". Coçar o pescoço indica que ela não entende.

7. Afrouxar o colarinho

Afrouxar o colarinho

Desmond Morris foi um dos primeiros a descobrir que a mentira causa um prurido nos delicados tecidos do rosto e do pescoço, cujo alívio exige uma esfregadela ou uma boa coçada. Isto não apenas explica por que as pessoas que se sentem em dúvida coçam o pescoço como dá uma boa razão para o fato de alguns indivíduos afrouxarem o colarinho quando suspeitam ter sido apanhados numa mentira. A elevação da pressão arterial faz com que o sujeito sue no pescoço.

A pessoa que se sente irada ou frustrada precisa também afrouxar o colarinho para deixar circular ar fresco. Quando você vir alguém fazendo este gesto, pergunte "Você poderia repetir o que acabou de dizer?", ou "Você pode explicar melhor, por favor?". Talvez assim o suposto mentiroso desista do jogo.

8. O dedo na boca

Esta tentativa inconsciente de voltar à segurança do bebê que mama no peito da mãe ocorre quando a pessoa está sob pressão. O bebê substitui o polegar ou o cobertor pelo seio da mãe; o adulto leva os dedos à boca e mama cigarros, cachimbos, canetas e copos, além, é claro, de mascar chiclete.

A maioria dos gestos de levar a mão à boca pode ser associada à mentira, mas o dedo na boca é o indício exterior de uma necessidade interior de reasseguramento. Proporcionar a si mesmo segurança é um movimento positivo.

Gestos de avaliação e adiamento

Diz-se que o bom orador é aquele que sabe "instintivamente" quando os seus ouvintes estão interessados no seu discurso ou insatisfeitos com o que ele está dizendo. Um vendedor percebe quando está atingindo os "pontos críticos" do cliente ou descobrindo quais são as necessidades do comprador. Todo expositor sabe a sensação de vazio que resulta de estar fazendo uma apresentação para uma pessoa que reage muito pouco e fica apenas sentada, olhando. Felizmente existem diversos gestos de levar a mão ao rosto e pôr a mão no queixo que podem ser usados por você como um termômetro para medir o interesse do interlocutor e do público em geral.

Tédio

Quando o ouvinte usa a mão para apoiar a cabeça, é sinal de que o tédio se estabeleceu. Apoiar a cabeça na mão é o recurso usado pelo ouvinte para não dormir. O grau de tédio é relativo à maneira como o ouvinte usa o braço e a mão para sustentar a cabeça. Geralmente ele começa usando o polegar para apoiar o queixo e depois, à medida que o interesse declina, o punho. A cabeça totalmente apoiada na mão demonstra uma grande falta de interesse no discurso, que atinge o seu auge quando a cabeça fica apoiada nas duas mãos, os olhos se fecham e aparecem claros sinais de ronco.

Tamborilar com os dedos na mesa e bater continuamente com os pés no chão são gestos muitas vezes interpretados por oradores profissionais como indicadores de tédio, quando na verdade são sinais de impaciência. Se, ao se dirigir a um grupo de pessoas, você notar esses sinais em alguém, faça um movimento estratégico capaz de envolver essa pessoa no assunto para evitar que o efeito negativo se transmita aos demais ouvintes. Mas quando é toda a plateia que exibe sinais de tédio e impaciência, está na hora de o orador terminar.

A velocidade com que a pessoa tamborila com os dedos ou bate com os pés é proporcional ao grau de impaciência – quanto mais rápidos os gestos, maior a impaciência do ouvinte.

Gestos de avaliação

A postura de avaliação característica é a mão fechada encostada no queixo ou na face, muitas vezes com o dedo indicador apontado para cima. Quando a pessoa começa a perder o interesse ou a se sentir entediada, mas, por cortesia, ainda quer parecer atenta, esta posição é alterada de maneira que a base da mão aberta apoie a cabeça.

Avaliação interessada – a cabeça se sustenta e a mão repousa sobre a face

Tendo pensamentos negativos

Os gerentes costumam fazer este gesto para aparentar interesse no discurso enfadonho do presidente da empresa. Infelizmente, assim que eles começam, de alguma forma, a apoiar a cabeça com as mãos, fica fácil para um presidente esperto identificar os puxa-sacos.

Demonstra-se um verdadeiro interesse pousando levemente a mão na face, em vez de usá-la para apoiar a cabeça. Quando o polegar apoia o queixo e o dedo indicador repousa verticalmente sobre a face, o ouvinte está tendo pensamentos críticos ou negativos a respeito do orador ou do seu tema. A continuação dos pensamentos negativos pode fazer com que a pessoa esfregue ou leve repetidamente as mãos aos olhos.

Como já vimos, a postura física influencia a atitude interna. Por isso, quanto mais tempo a pessoa permanecer usando este grupo gestual, mais durará a sua atitude crítica negativa. Ao perceber este grupo de gestos, o orador atento deve partir para uma ação imediata, seja envolvendo o ouvinte no que ele está dizendo ou simplesmente encerrando a palestra. Um simples movimento, como entregar ao ouvinte algum objeto que altere a sua postura, pode levá-lo a uma mudança de atitude.

O entrevistado mentiroso

Entrevistamos certa vez um homem que chegara do estrangeiro para se candidatar a um posto na nossa empresa. Ao longo de toda a entrevista ele manteve os braços e as pernas cruzados, usou vários grupos gestuais de avaliação crítica, poucas vezes abriu as mãos e desviava o olhar a toda hora. Embora fosse óbvio que alguma coisa o preocupava, nas primeiras etapas da entrevista nós não dispúnhamos de informação suficiente para fazer uma avaliação precisa de seus gestos negativos. Ao responder às nossas perguntas sobre os ex-patrões em seu país de origem, ele esfregava os olhos, tocava o nariz e desviava o olhar. Afinal decidimos não contratá-lo devido ao contraste entre o que ele nos disse e o que pudemos observar. Curiosos com seus gestos, checamos suas referências no estrangeiro e descobrimos que ele dera informações falsas a respeito de seu passado achando que um potencial empregador em outro país não se daria ao trabalho de verificá-las. Se não estivéssemos atentos aos sinais da linguagem corporal, poderíamos ter cometido um lamentável engano.

Alisar o queixo

Tomando uma decisão

Da próxima vez que você for apresentar uma ideia a um grupo de pessoas, observe-as atentamente durante a exposição. Você vai notar que a maioria leva a mão ao rosto e faz algum gesto de avaliação. Ao concluir, peça ao grupo para opinar ou apresentar sugestões sobre as ideias apresentadas. Os gestos de avaliação cessarão e em seu lugar você verá o gesto de alisar o queixo. Este gesto é um sinal de que o seu interlocutor está passando pelo processo de tomada de decisão.

Quando você pergunta ao interlocutor qual é sua decisão, e ele se põe a alisar o queixo, os gestos seguintes indicarão se ela é positiva ou negativa. A melhor estratégia é ficar calado e observá-los. Se depois de alisar o queixo ele cruzar os braços e as pernas e se recostar na cadeira, pode ter certeza de que a resposta será "não". Desta forma, você tem a oportunidade de insistir nas vantagens da sua proposta antes que o outro verbalize um "não", o que dificulta o fechamento de um acordo.

Se depois de alisar o queixo o interlocutor inclinar-se para a frente com os braços abertos, ou se estender a mão para pegar a sua proposta ou amostra, são boas as chances de receber um "sim".

Grupos gestuais de adiamento

Pessoas que usam óculos costumam, em vez de alisar o queixo, tomar decisões usando um grupo gestual de avaliação que consiste em tirar os óculos e colocar um dos braços da armação na boca. Pessoas que fumam soltam uma baforada. Já as que colocam a caneta ou o dedo na boca quando você lhes pede uma decisão demonstram insegurança e necessidade de afirmação.

Levar um objeto à boca ajuda a pessoa a resistir à premência de dar uma resposta imediata e, portanto, a adiar sua decisão.

Gestos de tédio, avaliação e tomada de decisão às vezes aparecem combinados, cada um deles mostrando diferentes componentes da atitude da pessoa.

Coçar e bater na cabeça

O gesto da "dor no pescoço"

A sensação de ameaça ou de raiva provoca em nós uma espécie de comichão na parte de trás do pescoço. Para aplacar a comichão, geralmente esfregamos a mão sobre a área.

Suponhamos, por exemplo, que você pede a uma pessoa para lhe fazer um pequeno favor e ela se esquece. Quando você pergunta se fez o que foi pedido, ela bate com a mão na testa ou na parte de trás do pescoço, como se estivesse se castigando simbolicamente. Embora bater na cabeça seja um gesto usado para comunicar esquecimento, é importante observar se a pessoa bate com a mão na testa ou no pescoço. Ao bater na testa, ela está sinalizando que não se sente intimidada pelo fato de você mencionar o esquecimento. Ao bater na parte de trás do pescoço para aplacar a comichão, ela está se castigando pela falta e acusando você pelo sentimento de culpa que desperta nela.

Gerard Nierenberg, do Instituto de Negociação de Nova York, descobriu que as pessoas que coçam habitualmente a parte de trás do pescoço tendem a ser negativas ou críticas, ao passo que as que coçam a testa em vez de verbalizar um erro costumam ser mais abertas e despreocupadas.

Adquirir a capacidade de interpretar com precisão o significado dos gestos de levar a mão ao rosto requer tempo e bastante observação. É razoável supor que, quando uma pessoa faz algum dos gestos de levar a mão ao rosto mencionados neste capítulo, um pensamento negativo tenha passado em sua cabeça. A questão é: que tipo de pensamento negativo? Pode se tratar de dúvida, desconfiança, incerteza, exagero, apreensão ou de uma mentira deslavada. A verdadeira arte é saber identificar corretamente o gesto negativo. E a maneira mais segura de se chegar a uma conclusão acertada é observar os gestos que precedem o de levar a mão ao rosto para interpretá-lo em seu contexto.

O duplo significado

Numa entrevista dramatizada, nosso entrevistado tapou repentinamente a boca e coçou o nariz ao ouvir uma pergunta. Manteve o gesto de tapar a boca durante vários segundos antes de responder, depois voltou à sua postura aberta. Como até aquela altura da dramatização o entrevistado mantivera uma postura aberta, com o casaco desabotoado e as palmas das mãos à mostra, assentindo com a cabeça e inclinando-se para a frente ao responder às perguntas, nós achamos que aqueles talvez fossem gestos isolados ou fora de contexto. Durante a revisão da gravação, porém, quando lhe perguntamos sobre o gesto de levar a mão à boca, ele disse que ao ouvir a pergunta achou que poderia responder de duas maneiras: uma negativa, outra positiva. Ao pensar em como o entrevistador reagiria à resposta negativa, tapou a boca. Ao pensar na resposta positiva, tirou a mão da boca e retornou à postura aberta. Sua insegurança em relação à reação do entrevistador resultara no repentino gesto de tapar a boca.

Esse exemplo ilustra como é fácil interpretar erroneamente e tirar conclusões precipitadas do gesto de levar a mão à boca.

Capítulo 6

Sinais dos olhos

Desde que o mundo é mundo nos preocupamos com os olhos e seus efeitos sobre o comportamento humano. O contato visual regula a conversação, fornece indícios de dominação – "Ele me olhou por cima dos óculos" – e dá base para se suspeitar de uma mentira – "Quero ver você falar isso olhando nos meus olhos!". Passamos boa parte do nosso tempo frente a frente com outras pessoas, olhando para os seus rostos, razão pela qual os sinais com os olhos são uma parte vital da arte de ler suas atitudes e pensamentos. Quando apresentadas, as pessoas se julgam rapidamente sob uma série de aspectos, geralmente baseando-se no que veem.

Usamos frases como "Ela me lançou um olhar furioso", "Ele tinha um brilho no olhar", "Os olhos dela eram grandes e infantis", "Ele tem um olhar matreiro", "Seus olhos são atraentes", "Ela o fulminou com o olhar", "Ele lhe deu um olhar gelado" ou "Ela me pôs mau-olhado". Dizemos também que as pessoas têm olhos de mormaço, olhos de peixe morto, olhos de lince, olhos de vaca triste, olhos vazios, secretos, alegres, desafiadores, frios, invejosos, implacáveis e penetrantes. Ao usar essas expressões estamos inadvertidamente nos referindo ao tamanho das pupilas e ao comportamento do olhar das pessoas. O olhar pode ser o mais revelador e preciso de todos os sinais de comunicação humanos porque, além de os olhos serem o ponto focal do corpo, o funcionamento das pupilas independe do controle consciente.

Pupilas dilatadas

Em determinadas condições de iluminação, nossas pupilas se dilatam e se contraem conforme a nossa atitude mude de positiva para negativa, e vice-versa. Quando nos excitamos, nossas pupilas se dilatam, podendo alcançar até quatro vezes o seu tamanho original. Inversamente, estados de espírito zangados e negativos fazem com que as pupilas se contraiam, dando à pessoa a expressão facial geralmente chamada de "olhar fulminante" ou "fuzilar com os olhos". Olhos claros parecem mais atraentes porque facilitam a observação das pupilas dilatadas.

Eckhard Hess, ex-diretor do Departamento de Psicologia da Universidade de Chicago e pioneiro dos estudos da pupilometria, descobriu que o tamanho da pupila é influenciado pelo grau de excitação da pessoa. Em geral, o tamanho da pupila aumenta quando a pessoa vê algo que a estimula. Hess descobriu que as pupilas de homens e mulheres heterossexuais se dilatam diante de imagens sensuais de pessoas do sexo oposto e se contraem diante de imagens sensuais de pessoas do mesmo sexo. Observaram-se reações similares em pessoas solicitadas a ouvir música e olhar fotografias agradáveis e desagradáveis de comida, personagens da política, crianças deficientes e cenas de guerra. Hess descobriu também que o aumento da pupila está positivamente correlacionado com a atividade mental associada à resolução de problemas. A pupila atinge a máxima dilatação quando a pessoa obtém a solução desejada.

Aplicando essa pesquisa ao mundo dos negócios, concluímos que as pessoas classificam modelos fotográficos como mais atraentes quando a foto é alterada para aumentar a área da pupila. Este é um método eficaz de incrementar as vendas de qualquer produto cuja publicidade faça uso de closes do rosto, como cosméticos femininos, produtos para o cabelo e roupas. Aumentando as pupilas das modelos nas fotos dos folhetos enviados por mala direta, nós contribuímos para um aumento de 45% das vendas de batons do catálogo de venda direta da Revlon.

O olhar é um sinal crítico na paquera. O propósito da maquiagem dos olhos é enfatizar a sua exibição. Quando uma mulher sente atração por um homem, suas pupilas se dilatam e ele, sem saber, tende a interpretar corretamente este sinal. Os encontros amorosos são mais bem-sucedidos em lugares de pouca luz porque as pupilas se dilatam, transmitindo a impressão de que os pretendentes estão interessados um no outro.

Quando um homem se excita diante de uma mulher, que parte do seu corpo pode crescer até quase três vezes o seu tamanho original?

Os amantes, quando olham fundo nos olhos um do outro, buscam inconscientemente sinais de dilatação das respectivas pupilas. As pesquisas mostram que as pupilas dos homens se dilatam até três vezes o seu tamanho original quando assistem a filmes pornográficos. A máxima dilatação das pupilas das mulheres se deu, na maioria dos casos, diante de fotografias de mães com seus bebês. Os bebês e crianças pequenas têm pupilas maiores do que os adultos. As pupilas dos bebês se dilatam constantemente em presença de adultos para lhes dar o aspecto mais atraente possível e assim receber o máximo de atenção. É por isso que os bonecos infantis mais populares quase sempre têm pupilas grandes.

As pesquisas mostram também que a dilatação das pupilas exerce um efeito recíproco sobre o observador. As pupilas dos homens se dilataram mais olhando fotografias de mulheres com pupilas dilatadas do que olhando fotografias de mulheres com pupilas contraídas.

Faça o teste da pupila

A capacidade de interpretar a dilatação das pupilas está inscrita no cérebro e funciona de maneira totalmente automática.

Em uma de suas experiências sobre a reação das pupilas, Hess mostrou a voluntários cinco fotos retratando um homem nu, uma mulher nua, um bebê, uma mãe com um bebê e uma paisagem. Como era de se prever, as pupilas dos homens se dilataram mais diante da foto da mulher nua e as dos gays diante da foto do homem nu, mas as pupilas das mulheres se dilataram mais diante da foto da mãe com o bebê, ficando a foto do homem nu em segundo lugar.

Um outro teste, realizado com jogadores de pôquer, mostrou que os mais experientes ganham menos rodadas quando seus adversários estão de óculos escuros. A rápida dilatação da pupila do jogador que recebia um *four* de ases era inconscientemente detectada pelos mais experientes, que "sentiam" que não deviam apostar naquela rodada.

Na China antiga, os mercadores de pedras preciosas observavam a dilatação das pupilas dos compradores ao negociar preços. Séculos atrás, as prostitutas pingavam nos olhos gotas de beladona, uma tintura contendo atropina, para dilatar as pupilas e assim adquirir uma aparência mais desejável.

Um velho clichê diz "olhe a pessoa nos olhos ao falar com ela". Mas na comunicação e na negociação o melhor é "olhá-la nas pupilas", porque são estas que falam dos reais sentimentos da pessoa.

As mulheres são melhores, como sempre

Nos testes realizados pelo Dr. Simon Baron-Cohen, da Universidade de Cambridge, voluntários eram colocados diante de fotografias em que somente uma estreita faixa do rosto na altura dos olhos era visível, e em seguida solicitados a apontar nelas estados mentais definidos como "amistoso", "descontraído", "hostil" e "preocupado" e atitudes descritas como "desejo por você" e "desejo por outra pessoa".

A pontuação média obtida pelos homens foi de 19 em 25, enquanto a das mulheres foi de 22 em 25, o que mostra que ambos os sexos têm mais capacidade de interpretar os sinais transmitidos pelos olhos do que os sinais corporais, e que as mulheres são melhores também nesta arte do que os homens. Os cientistas ainda não sabem como a informação dos olhos é enviada ou decodificada, mas sabem que somos capazes de fazê-lo.

De olho nelas

Os humanos são os únicos primatas que têm o branco do olho. O olho do macaco é completamente escuro. O branco do olho evoluiu como meio auxiliar de comunicação porque permite aos humanos ver o que as outras pessoas estão olhando, pois, como sabemos, a direção do olhar está ligada aos estados emocionais. Uma das consequências de o cérebro feminino ser mais bem-dotado para a leitura das emoções é a mulher ter mais branco do olho do que o homem. Não ter branco do olho dá aos macacos maior chance de sucesso na caçada, porque suas presas não sabem para onde eles estão olhando e nem se foram localizadas.

Os humanos são os únicos primatas dotados de branco dos olhos pronunciado.

Erguer a sobrancelha

Este gesto, que equivale a um "olá" à distância, é universalmente usado desde tempos imemoriais. É também comum entre os macacos como forma de saudação, o que confirma a sua condição de gesto inato. As sobrancelhas se erguem rapidamente durante uma fração de segundo e voltam em seguida à sua posição normal, chamando a atenção para o rosto com o intuito de possibilitar a troca de sinais claros. A única cultura que não utiliza este gesto é a japonesa, que dá a ele conotações sexuais definidas e por isso o considera impróprio ou falta de educação.

É um sinal inconsciente de reconhecimento da presença do outro, provavelmente ligado à reação de medo ao ser surpreendido. É como se disséssemos: "Eu o reconheço e não represento ameaça." Não se deve erguer a sobrancelha para estranhos nem para aqueles de quem não se gosta. Pessoas que não erguem a sobrancelha ao encontrar as outras são consideradas como potencialmente agressivas. Faça um teste simples para sentir pessoalmente a força do gesto de erguer a sobrancelha: sente-se no saguão de um hotel e erga as sobrancelhas para todo mundo que passa. Você verá que não apenas os outros lhe retornam a sobrancelha erguida e um sorriso como alguns virão até você para entabular conversa. A regra de ouro é: só erga a sobrancelha para pessoas de quem você gosta ou que você quer que gostem de você.

Aumentar os olhos

Abaixar as sobrancelhas é a maneira de os humanos mostrarem dominação ou agressividade diante dos outros, ao passo que erguê-las é sinal de submissão. Keating & Keating descobriram que várias espécies de chimpanzés e macacos usam exatamente estes mesmos gestos para iguais propósitos. Descobriram também que, tanto entre humanos como entre macacos, os indivíduos que erguem intencionalmente as sobrancelhas são tidos como submissos, e aqueles que as abaixam são considerados agressivos.

Em *Por que os homens mentem e as mulheres choram?* mostramos que as mulheres aumentam os olhos erguendo as sobrancelhas e as pálpebras para ganhar uma "carinha de bebê". Isto exerce sobre os homens o poderoso efeito de liberar para o cérebro os hormônios que estimulam o desejo de proteger e defender as mulheres. Estas, por sua vez, depilam e redesenham a sobrancelha para cima de maneira a parecerem mais submissas porque sabem, ainda que inconscientemente, que isto atrai os homens.

Lembram-se de Marilyn Monroe? Suas sobrancelhas levantadas

lhe davam uma aparência submissa e desamparada que despertava um sentimento de proteção.

Olhar "de baixo para cima"

Vamos mais uma vez usar a princesa Diana como exemplo. Há fotos dela aos 8 anos de idade com a cabeça abaixada, olhando para cima. Esse mesmo gesto se reproduz em outras fotos da princesa adulta. Provavelmente, como a maioria das meninas, ela compreendia o efeito desse gesto.

Abaixar a cabeça e olhar para cima é um gesto de submissão que atrai os homens, porque faz os olhos parecerem maiores e a mulher, mais infantil. Por serem muito menores do que os adultos, as crianças passam muito tempo olhando para cima, razão pela qual este gesto provoca um sentimento de proteção tanto nos homens como nas mulheres.

Assim como a princesa Diana, pessoas que usam esses grupos gestuais submissos geralmente não o fazem conscientemente, mas sabem que eles as ajudam a conseguir o que querem.

Como acender o fogo dos homens

De novo Marilyn Monroe: ela era mestra no uso de expressões faciais e linguagem corporal pré-orgásticas femininas. Marilyn sabia, pelo menos no plano do subconsciente, como fazer a maioria dos homens tremer nas bases.

Abaixar as pálpebras, levantar as sobrancelhas e olhar para cima com os lábios levemente abertos é um grupo gestual usado há séculos pelas mulheres para mostrar submissão sexual – uma das marcas registradas de símbolos sexuais.

Maximizar a distância entre as pálpebras e as sobrancelhas é um gesto que dá à mulher uma expressão misteriosa e enigmática e, segundo pesquisas recentes, é a mesma que muitas mulheres têm no rosto imediatamente antes do orgasmo.

O comportamento do olhar – para onde você olha?

Somente depois de ver "olhos nos olhos" é que você consegue estabelecer uma verdadeira base de comunicação com alguém. Conversando com algumas pessoas nós nos sentimos à vontade, com outras nos sentimos incomodados e com mais outras nos sentimos desconfiados. Tudo isso, a princípio, tem relação com o tempo que as pessoas ficam nos olhando ou sustentando nosso olhar enquanto falam.

Nós apuramos que o tempo de contato olho no olho numa conversa típica varia de 25 a 100% do total, dependendo de quem fala e da cultura de origem dos interlocutores. Ao falar, nós mantemos contato visual durante 40 a 60% do tempo total e, ao ouvir, 80%, em média. As notáveis exceções são o Japão e algumas culturas asiáticas onde o contato prolongado olho no olho é considerado uma atitude agressiva ou desrespeitosa. Os japoneses tendem a desviar os olhos ou olhar para a garganta do interlocutor, o que pode ser desconcertante para ocidentais e europeus inexperientes.

Michael Argyle, pioneiro da psicologia social e das técnicas de comunicação não verbal, descobriu que, na maioria das culturas, para que você estabeleça um bom entendimento com alguém é preciso que seus olhares permaneçam em contato de 60 a 70% do tempo. Isto fará com que a outra pessoa passe a gostar de você também. Não surpreende, portanto, que raramente confiemos numa pessoa nervosa e tímida que sustenta o nosso olhar durante menos de um terço do tempo. Por esta mesma razão, deve-se evitar nas negociações o uso de óculos de lentes escuras, que deixam os outros sem saber se você está olhando para eles ou evitando seus olhares.

Assim como ocorre com a maior parte da linguagem corporal e dos gestos, o tempo que as pessoas se olham nos olhos é culturalmente determinado. Tenha sempre o cuidado de considerar as circunstâncias culturais antes de tirar suas conclusões. A regra mais segura quando se viaja a lugares como o Japão é seguir o tempo do olhar de seus anfitriões.

Quando duas pessoas se conhecem e se olham olho no olho pela primeira vez, geralmente é a subordinada que desvia o olhar primeiro. Isto significa que *não* desviar o olhar é uma maneira sutil de contestar ou mostrar discordância quando uma pessoa expõe suas ideias ou pontos de vista. Quando, porém, a outra pessoa tem um status mais elevado – seu chefe, por exemplo –, você pode enviar uma clara mensagem de discordância sustentando o olhar dele vários segundos a mais do que seria aceitável. Mas não é uma boa ideia fazê-lo regularmente com seu patrão se você pretende conservar seu emprego.

Contato ocular numa colônia de nudismo

Enviamos um grupo de não nudistas a uma colônia de nudismo e registramos em filme a direção do olhar deles quando apresentados a pessoas. Todos os homens não nudistas relataram ter tido dificuldade de resistir ao impulso de olhar para baixo, e os filmes mostraram que eles *realmente* abaixavam o olhar. As mulheres disseram não ter tido esse problema – raras delas foram filmadas olhando para as partes baixas.

Isso ocorre porque os homens são equipados com uma espécie de visão em túnel que lhes dá uma capacidade muito maior de olhar diretamente à frente e a longa distância para localizar alvos. Já a visão periférica da mulher alcança pelo menos 45 graus para cada lado, para cima e para baixo, o que significa que ela consegue dar a impressão de estar olhando o rosto de um homem ao mesmo tempo que inspeciona os seus "atributos".

Como atrair a atenção de um homem

Quando uma mulher quer atrair a atenção de um homem no outro lado da sala, ela cruza o seu olhar com o dele, sustenta-o durante uns dois ou três segundos, e em seguida o desvia para baixo. Este olhar é longo o suficiente para enviar ao homem uma mensagem de interesse e potencial submissão. Uma experiência realizada pela Dra. Monika Moore, Ph.D., da Websters University, mostrou que em sua maioria os homens não estão capacitados para ler o primeiro sinal visual da mulher, e por isso ela precisa repeti-lo três vezes até "cair a ficha" do homem médio, quatro vezes no caso do homem lerdo e cinco ou seis quando o cara é obtuso. Quando consegue, finalmente, atrair a atenção do homem, a mulher costuma usar uma versão reduzida do gesto de erguer a sobrancelha para provocar um sutil alargamento dos olhos que informa que o sinal foi dirigido a ele.

A maioria dos mentirosos olha no olho

Como já dissemos, muita gente associa a mentira ao desvio do olhar. Nós realizamos uma série de experiências em que voluntários eram solicitados a dizer mentiras em entrevistas gravadas que usamos mais tarde em seminários de comunicação pedindo aos participantes para julgarem quem estava mentindo e quem não estava. O que descobrimos contraria a crença popular a respeito dos mentirosos. Aproximadamente 30% deles desviavam constantemente o olhar ao mentir, e em 80% dos casos os espectadores identificavam a mentira, com as mulheres obtendo índices de acerto maiores do que os homens. Os 70% restantes mantinham forte contato olho no olho com suas vítimas, achando que era menos provável serem apanhados comportando-se de maneira *contrária* à esperada. E estavam certos. O índice médio de percepção da mentira caiu para cerca de 15% para os homens e 35% para as mulheres. O cérebro mais intuitivo da mulher é melhor do que o do homem na detecção das mudanças de voz, da dilatação das pupilas e de outros indícios que traem o mentiroso. Essas experiências provam que o olhar não é, isoladamente, um indício confiável de mentira. É preciso observar outros gestos associados.

O fato de uma pessoa fixar o olhar no seu durante mais de dois terços do tempo pode significar uma de duas coisas: ou a pessoa acha você interessante e atraente, e neste caso ela terá também as pupilas dilatadas, ou ela lhe é hostil e pode estar desafiando-o, caso em que suas pupilas estarão contraídas. Como já dissemos, as mulheres são mais hábeis na arte de decifrar os sinais das pupilas – e, portanto, mais capazes de distinguir o interesse da agressividade –, enquanto os homens são sensivelmente piores neste aspecto. É por isso que o homem médio não sabe quando uma mulher está prestes a lhe dar um beijo ou um tapa no rosto.

Como evitar o ataque

A maioria dos primatas desvia o olhar para mostrar submissão. O chimpanzé, quando agressivo ou prestes a atacar, fixa o olhar na sua vítima. Esta, para não ser atacada, desvia o olhar e tenta parecer menor do que é. Evidências científicas levantam a hipótese de que o comportamento submisso está gravado no cérebro dos primatas por motivos de sobrevivência. Os humanos também dão a impressão de serem menores quando atacados, seja encolhendo os ombros ou trazendo os braços para junto do corpo, juntando os joelhos ou cruzando os tornozelos sob a cadeira, deixando cair o queixo sobre o peito para proteger a garganta ou desviando o olhar. Esses gestos têm como finalidade "acionar um interruptor" no cérebro do agressor e evitar o ataque.

Encolher-se ou assumir uma postura submissa parece acionar um interruptor no cérebro do agressor.

Essa postura é ideal quando se é justificadamente repreendido por um superior. No entanto, essa mesma postura é prejudicial no caso de um ataque fortuito na rua. Quando assumida por uma pessoa que passa por um grupo de potenciais assaltantes, ela sinaliza medo, o que pode encorajar um ataque. O caminhar ereto, fazendo movimentos largos, balançando os braços e as pernas com o peito aberto, faz crer que você é capaz de se defender se necessário, tornando menos provável o ataque.

Olhando de lado

Olhar de lado pode significar interesse, incerteza ou hostilidade. Combinado com sobrancelhas ligeiramente erguidas ou um sorriso, esse gesto comunica interesse e é frequentemente usado como sinal de sedução, principalmente pelas mulheres. Agrupado com as sobrancelhas arqueadas para baixo, franzidas ou com os cantos da boca caídos, indica atitude suspeita, hostil ou crítica.

Piscar mais do que o normal

A frequência do piscar de olhos normal e descontraído é de seis a oito movimentos por minuto, e os olhos permanecem fechados durante apenas um décimo de segundo. Quando sob pressão – o momento da mentira, por exemplo –, as pessoas tendem a aumentar sensivelmente a frequência do piscar de olhos. Piscar mais do que o normal é uma tentativa inconsciente da pessoa para eliminar o interlocutor da sua vista por motivo de tédio, desinteresse ou por se sentir superior a ele. É como se o cérebro da pessoa não tolerasse mais a presença do outro. Os seus olhos se fecham durante dois ou três segundos, ou até mais, para tirar o outro de vista e permanecem fechados enquanto ela o elimina momentaneamente da mente.

Pessoas que se consideram superiores costumam ainda inclinar a cabeça para trás para dar um "longo olhar", conhecido também como "olhar por cima do nariz". Deparar-se com uma pessoa que age assim numa conversa é sinal de que você não está se saindo bem e precisa mudar de tática. Se você achar que o seu interlocutor é simplesmente arrogante, experimente dar um passo rápido para a direita ou para a esquerda quando ele fechar os olhos pela terceira ou quarta vez – ao abri-los ele ficará desconcertado com a impressão de que você desapareceu e se materializou em outro lugar.

Olhos irrequietos

Olhos irrequietos dão a impressão de que a pessoa está examinando tudo em volta quando na verdade o seu cérebro está buscando rotas de fuga (como acontece com os chimpanzés e macacos). Eles revelam a insegurança da pessoa em relação ao que está acontecendo.

Na presença de uma pessoa particularmente enfadonha, nosso impulso natural é desviar o olhar em busca de rotas de fuga. Mas como a maioria de nós tem plena consciência de que desviar o olhar demonstra falta de interesse pelo outro e sinaliza nosso desejo de escapar, isso nos leva a olhar *ainda mais* para a companhia enfadonha e a lhe dirigir um sorriso com os lábios cerrados para fingir interesse. Este comportamento é similar ao dos mentirosos que aumentam o contato visual para parecerem convincentes.

A geografia do rosto

A área geográfica do rosto e do corpo das pessoas sobre a qual fixamos nosso olhar também influencia sensivelmente o resultado dos contatos pessoais.

Assim que terminar de ler a seção seguinte, procure pôr em prática as técnicas visuais discutidas – sem avisar as pessoas – para experimentar os poderosos resultados que elas podem proporcionar. Uma semana de prática é suficiente para que essas técnicas se tornem um elemento rotineiro de seus recursos de comunicação.

Vejamos os três tipos principais de olhar: o olhar social, o olhar íntimo e o olhar de poder.

1. O olhar social

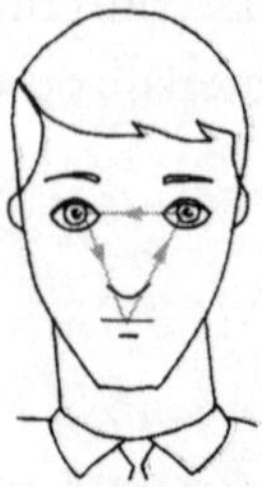

A região do olhar social

Experiências revelam que, nos contatos sociais, o olhar permanece 90% do tempo concentrado numa área triangular do rosto situada entre os olhos e a boca da outra pessoa.

Num ambiente não ameaçador, esta é a área do rosto para a qual olhamos, fazendo com que os outros nos percebam como não agressivos.

2. O olhar íntimo

À distância, as pessoas olham rapidamente para o rosto e as partes baixas do corpo do outro para estabelecer imediatamente o seu gênero e, em seguida, determinar seu nível de interesse por ele. Este olhar parte da linha dos olhos e vai por baixo do queixo até as partes baixas do corpo. Nos contatos próximos, ele se fixa na área triangular entre os olhos e o peito, e nos olhares à distância vai dos olhos à virilha ou mais abaixo.

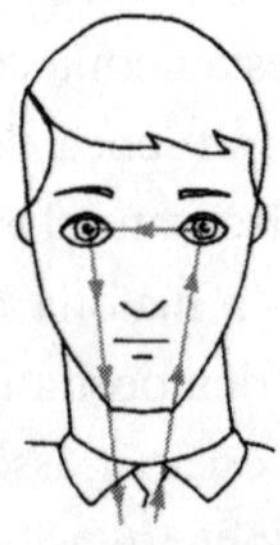

A região do olhar íntimo

Homens e mulheres usam este olhar para mostrar interesse uns pelos outros. Os que também se interessam o retribuem. Geralmente damos duas rápidas olhadas e depois nos concentramos no rosto. Apesar das veementes negativas da maioria, estudos com câmeras ocultas revelam que todas as pessoas, até mesmo as freiras, fazem isso.

Como dissemos anteriormente, a visão periférica mais ampla da mulher permite que ela examine o corpo do homem, da cabeça aos pés, sem ser percebida. A visão em túnel masculina obriga o homem a mover o olhar para cima e para baixo do corpo da mulher de um modo absolutamente óbvio. É por isso que os homens são constantemente acusados de devorar as mulheres com os olhos. O mesmo não acontece com as mulheres em relação aos homens, apesar de as pesquisas mostrarem que elas o fazem tanto ou mais do que eles. Não é que os homens sejam mais "devoradores visuais" do que as mulheres, e sim que a visão em túnel masculina faz com que eles sempre sejam flagrados no ato.

Abaixar os olhos durante uma conversa serve a diferentes propósitos para homens e mulheres. Para eles, permite dar uma geral na mulher. Para elas, tem a dupla finalidade de deixá-las examinar o homem e enviar-lhe um sinal de submissão.

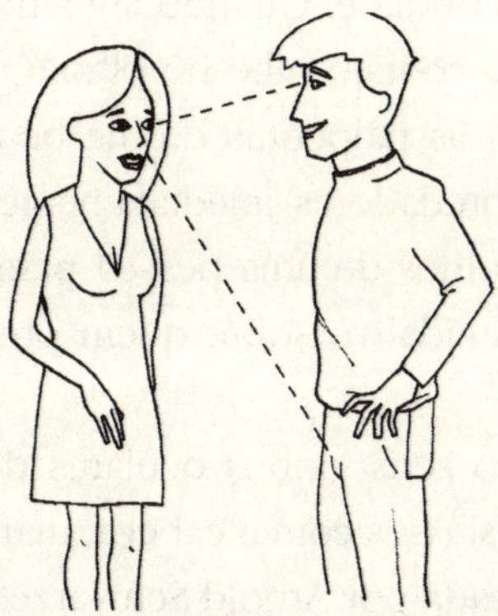

A visão periférica mais ampla da mulher faz com que ela nunca seja flagrada examinando o homem; a visão em túnel do homem faz com que ele seja sempre pego devorando a mulher com os olhos

---

Você sabe por que os homens têm dificuldade de fazer contato visual? Porque os seios não têm olhos.

---

3. O olhar de poder

Imagine que a pessoa a sua frente tem um terceiro olho no centro da testa, então fixe seu olhar na área triangular situada entre os "três" olhos dela. O efeito que esse olhar exerce sobre o outro é inacreditável.

Ele consegue não apenas tornar sério o clima da conversa como paralisar instantaneamente qualquer chato. O olhar dirigido para essa área mantém a pessoa sob intensa pressão.

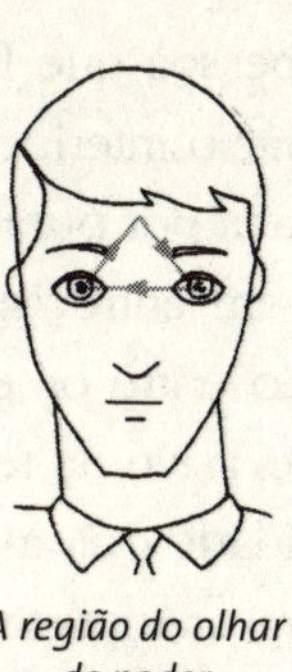

A região do olhar de poder

Enquanto o seu olhar não descer abaixo do nível dos olhos, a pessoa continuará sob pressão. Nunca faça isto em encontros amigáveis ou amorosos. Mas é uma tática que funciona muito bem com pessoas que você queira intimidar ou que não queiram simplesmente calar a boca.

Encarar o outro

Se o seu olhar é suave, fraco ou assustado, pratique o "encarar o outro" para conquistar mais autoridade. Quando alguém o atacar, procure não piscar durante o contato olho no olho. Quando olhar para o atacante, comprima as pálpebras e olhe bem para ele. É o que fazem os animais predadores imediatamente antes de atacar suas presas. Passar os olhos de uma pessoa para outra sem piscar exerce um efeito intimidativo sobre quem presencia esse gesto.

Para fazer isso, mova primeiro seus globos oculares de uma pessoa para a outra, e só depois siga-os com a cabeça, mantendo os ombros imóveis. Esta tática, usada por Arnold Schwarzenegger no papel de Exterminador, é capaz de intimidar atacantes potenciais. O melhor, porém, é só lidar com gente agradável para não ter de lançar mão desse expediente.

O caso do político

A pessoa que fala olhando de um lado para o outro e evitando olhar o interlocutor perde muito de sua credibilidade, ainda que o faça por pura timidez. Tivemos como cliente um político calouro em entrevistas de televisão cujos olhos se moviam o tempo todo entre os entrevistadores e as câmeras, o que lhe dava um ar evasivo na tela. Cada vez que aparecia na televisão, sua popularidade caía alguns pontos. Bastou treiná-lo para olhar somente para os repórteres e ignorar as câmeras para que sua credibilidade voltasse a crescer. Tivemos também a oportunidade de treinar um outro político para dirigir suas respostas principalmente para as câmeras nos debates transmitidos pela televisão. Se por um lado desagradou aos 150 espectadores do estúdio, esta tática causou ótima impressão em milhões de telespectadores, que sentiram como se o político estivesse falando diretamente para eles.

Olhe bem nos meus olhos, querida

Fizemos, certa vez, uma experiência com uma agência de encontros para um programa de televisão. Alguns homens selecionados foram informados de que a agência lhes arranjara parceiras ideais, com quem iriam certamente se divertir bastante. Mas a todos foi informado que sua parceira sofrera um acidente em um dos olhos quando criança e que era muito sensível em relação a esse problema, porque o olho não se movia adequadamente. Dissemos não ter certeza de qual olho se tratava, mas que se ele prestasse atenção descobriria. A todas as mulheres foi dita a mesma coisa sobre seu parceiro. Os casais passaram todo o tempo dos encontros olhando nos olhos uns dos outros, procurando em vão pelo "problema no olho". O resultado foi um alto índice de intimidade e romance e uma probabilidade de os casais se encontrarem outra vez 200% maior do que a média da agência.

Olhar longamente pode criar sentimentos íntimos.

Pode-se também separar casais dizendo a cada parceiro que o outro tem problemas de audição e que por isso ele precisa falar 10% mais alto para ser ouvido. A consequência é os parceiros falarem quase aos gritos, o que provoca grande rejeição.

Os primeiros 20 segundos de uma entrevista

Muitas pessoas aprendem que numa entrevista de vendas ou de emprego deve-se manter forte contato olho no olho com a outra pessoa. A verdade, porém, é que isto cria problemas tanto para o entrevistador como para o entrevistado, porque dificulta as formas de contato a que damos preferência quando conhecemos uma pessoa. O entrevistador gosta de examinar o cabelo, as pernas, as formas e a apresentação geral da mulher. O contato visual sustentado restringe de tal modo este processo que só lhe resta tentar lançar alguns olhares sem ser apanhado durante a entrevista, distraindo-o da sua real tarefa de entrevistar. Algumas mulheres lamentam que coisas assim ainda aconteçam num mundo profissional supostamente igualitário, mas os estudos com câmeras ocultas mostram que isto é um fato, gostemos ou não.

Gostemos ou não, todo homem olha com o rabo do olho para o traseiro de uma mulher quando ela sai da sala, ainda que não tenha gostado da visão de frente.

As câmeras de vídeo revelam também que as entrevistadoras cumprem o mesmo processo de avaliação com os entrevistados de ambos os sexos, embora a visão periférica mais ampla da mulher faça com que ela raramente seja apanhada. As mulheres são também mais críticas do que os homens em relação às entrevistadas cuja aparência não consideram adequada. Elas observam o comprimento do cabelo, as roupas e os movimentos dos candidatos do sexo masculino, assim como os vincos das suas calças e o brilho de seus sapatos.

Solução

Quando for para uma entrevista, aperte a mão do entrevistador e dê a ele uns dois ou três segundos para completar o processo de examiná-lo. Olhe para baixo e abra a sua pasta, arrume papéis de que possa precisar, vire-se para puxar a cadeira e só então levante os olhos. Filmando entrevistas de vendas, observamos que esta estratégia não apenas conquista mais simpatia por parte dos entrevistadores como contribui para melhorar o resultado das vendas.

Em que canal você está ligado?

Os movimentos dos olhos podem revelar em que está concentrada a mente de uma pessoa: se ela está se lembrando de algo que viu, de algo que ouviu ou de algum cheiro, sabor ou toque que experimentou. Esta técnica, desenvolvida pelos psicólogos americanos Grinder e Bandler, é conhecida como *Programação Neurolinguística*.

Dito em termos simples, quando a pessoa se lembra de algo que viu, move os olhos para cima. Quando se lembra de algo que ouviu, olha para o lado e inclina a cabeça como que escutando. Quando se lembra de um sentimento ou uma emoção, olha para baixo e à direita. Quando conversa mentalmente consigo mesma, olha para baixo e à esquerda.

A. Lembrando uma imagem

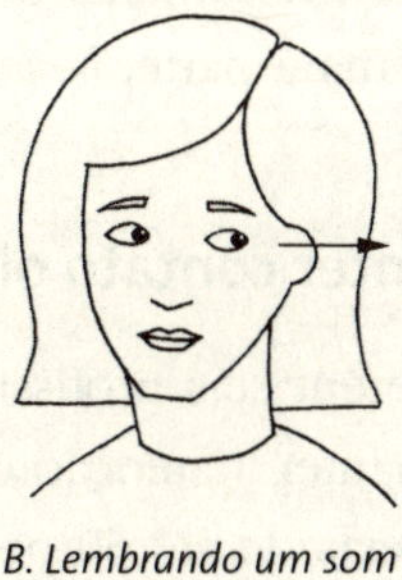

B. Lembrando um som

C. Lembrando um sentimento

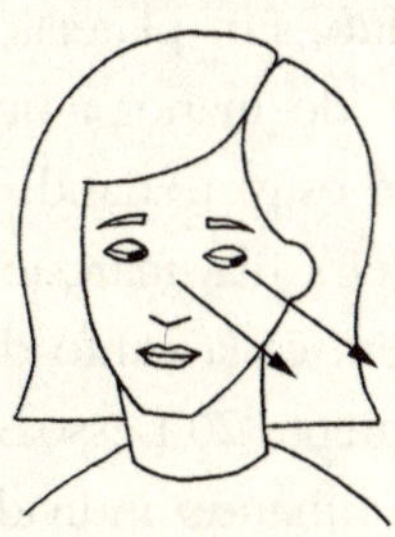

D. Conversando consigo mesma

Esses movimentos com os olhos duram uma fração de segundo e aparecem em grupos, o que torna mais difícil fazer uma leitura "ao vivo". Mas o videotape permite perceber as discrepâncias entre o que a pessoa diz e o que está realmente pensando.

Trinta e cinco por cento das pessoas preferem o canal de informação visual e usam frases como "Já vi tudo", "Não vejo luz no fim do túnel", "Está tudo perfeitamente claro" ou "Me mostra?". Você pode obter a atenção delas mostrando-lhes fotos, mapas e gráficos. Pergunte-lhes: "Já *viram* aonde eu quero chegar?"

Vinte e cinco por cento preferem o canal auditivo e usam expressões como "Isso me soa familiar", "Estou te ouvindo", "Sou toda ouvidos" e dizem querer estar "Sintonizadas em você". Quarenta por cento preferem o canal táctil e dizem "Vamos ventilar essa ideia na reunião", "Nosso departamento precisa de sangue novo", "Essa eu não engulo". Elas gostam de testar coisas novas e assistir a demonstrações antes de poderem dizer que compraram uma ideia.

A programação neurolinguística, esta notável descoberta, é uma poderosa ferramenta de comunicação que deve ser tratada como um tema à parte.

Como manter contato olho no olho com a plateia

Como conferencistas profissionais, nós desenvolvemos uma técnica para manter a atenção da plateia e fazê-la sentir-se envolvida. Em plateias de até 50 pessoas é possível cruzar o olhar com cada indivíduo. Em plateias maiores, o orador geralmente fica muito longe, de maneira que é necessário um outro enfoque. Quando você estiver falando a uma distância de cerca de 10 metros da primeira fila, marque um ponto, ou uma pessoa, real ou imaginária, em cada canto da sala e outro no centro. Com isto, aproximadamente 20 pessoas em cada grupo de 50 acharão que você as está olhando individualmente, o que lhe proporcionará um vínculo íntimo com a maior parte da plateia.

Como apresentar informações visuais

Quando for fazer uma apresentação visual utilizando livros, mapas, gráficos ou um laptop, é importante saber dirigir o foco do olhar das pessoas que estão assistindo. As pesquisas mostram que 83% da informação que entra no cérebro das pessoas em apresentações visuais chega pelos olhos, 11% pelos ouvidos e 6% pelos demais órgãos dos sentidos.

O estudo Wharton, nos Estados Unidos, apurou que a retenção das apresentações puramente verbais é de apenas 10%. Isto significa que, para ser eficaz, uma apresentação verbal requer que os pontos principais sejam frequentemente repetidos. O índice de retenção de uma apresentação verbal e visual é de 50%, o que significa que o uso de recursos visuais gera um aumento de eficácia de 400%. O mesmo estudo apurou que o uso dos recursos visuais reduz a duração média das reuniões de negócios de 25,7 minutos para 18,6 minutos – uma economia de tempo de 28%.

O poder de levantar

Para manter sob controle a direção do olhar do seu ouvinte, use uma caneta para apontar para os papéis sobre sua mesa e verbalize ao mesmo tempo o que ele vê. Em seguida, levante a caneta e segure-a entre os olhos dele e os seus. Isto produz o efeito magnético de fazê-lo levantar a cabeça e olhar para você para

O elevador – usando a caneta, manter sob controle a direção do olhar do ouvinte durante a apresentação

ver e ouvir o que você diz, proporcionando a máxima absorção da sua mensagem. Mantenha a palma da sua outra mão aberta quando estiver falando.

Nós descobrimos também que as mulheres mantêm mais contato visual direto do que os homens durante as apresentações, principalmente quando não estão falando. Durante a fala, porém, as mulheres desviam os olhos mais do que os homens.

Os homens encaram mais as mulheres do que as mulheres encaram os homens, e fazem menos contato visual direto quando ouvem outros homens do que quando ouvem mulheres.

Resumindo

O lugar onde você foca o seu olhar influencia poderosamente o resultado de um encontro frente a frente. Que olhar você usaria se fosse um gerente repreendendo um funcionário, ou um pai repreendendo um filho? Se usasse o olhar social, suas palavras perderiam o poder, por mais que você gritasse ou tentasse parecer ameaçador. O olhar social enfraqueceria as suas palavras, ao passo que o olhar íntimo talvez intimidasse ou constrangesse o seu ouvinte. O olhar de poder indica que você está falando sério e é o que exerce o efeito mais eficaz sobre o seu interlocutor.

O olhar feminino que os homens descrevem como "Vem" tem relação com o olhar de lado, as pupilas dilatadas e o olhar íntimo. A mulher que quiser se fazer de difícil deve evitar o olhar íntimo e usar, em seu lugar, o olhar social. O uso do olhar de poder na paquera deixa a pessoa com fama de fria ou hostil. Por outro lado, ao lançar um olhar íntimo para um parceiro em potencial você está entregando o jogo. As mulheres são especialistas no envio e recebimento deste olhar, mas a maioria dos homens, infelizmente, não. Ao mesmo tempo que são absolutamente óbvios quando lançam olhares íntimos para as mulheres, os homens, em geral, não percebem quando recebem delas olhares íntimos, para frustração das remetentes.

Capítulo 7

Os invasores de espaço

Territórios e espaço pessoal

Milhares de livros e artigos já foram escritos sobre a marcação e guarda de territórios por quadrúpedes, pássaros, peixes e primatas, mas só em anos recentes se descobriu que os seres humanos também demarcam territórios. Quando entendemos as implicações deste fato, podemos ter uma ideia mais clara do nosso próprio comportamento, bem como prever as reações das outras pessoas quando nos defrontamos com elas. O antropólogo norte-americano Edward Hall, um dos pioneiros do estudo das necessidades espaciais do ser humano, realizou uma pesquisa nesse campo que proporcionou um novo entendimento das nossas relações com nossos semelhantes.

Todo país é um território demarcado por fronteiras claramente definidas e às vezes protegidas por soldados armados. No interior dos países existem territórios menores na forma de estados e municípios, e estes por sua vez são divididos em territórios ainda menores chamados distritos, onde ficam as cidades-sedes municipais e as localidades secundárias. Dentro das cidades estão os bairros, onde ficam as ruas que, no caso dos condomínios, representam um território exclusivo de seus moradores. No cinema e no avião, o braço da cadeira é o território pelo qual guerreamos silenciosamente com o vizinho que tenta controlá-lo. Os seres humanos têm uma fidelidade intangível para com os territórios que habitam e, para protegê-los, chegam a fazer uso da selvageria e do assassinato.

Território é também a área ou espaço circundante que as pessoas sentem como uma extensão de seu próprio corpo. Cada pessoa tem o seu próprio território pessoal, como a área ao redor da sua casa, geralmente delimitada por muros, o interior de seu automóvel, a sua própria cama ou cadeira pessoal e, como descobriu o Dr. Hall, um espaço de ar definido ao redor de seu corpo.

É disto que este capítulo vai tratar: das implicações desse espaço de ar, de como as pessoas reagem quando ele é invadido e da importância de estabelecer no convívio espaços próprios de cada um.

Espaço pessoal

A maioria dos animais possui um certo espaço aéreo ao redor do corpo que reivindica como *seu* espaço pessoal. O tamanho deste espaço depende principalmente das dimensões do lugar onde o animal foi criado e da densidade da população local. Um leão criado nas regiões mais remotas da África pode ter um espaço territorial de 50 quilômetros ou mais de raio, dependendo da densidade da população de leões na área, e marca seu território urinando ou defecando nos pontos limítrofes. Já um leão criado em cativeiro junto com outros leões pode ter um espaço pessoal de poucos metros de raio, em consequência da superlotação da área.

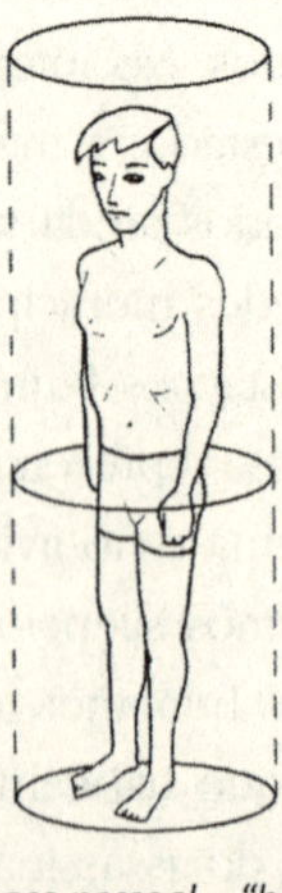

Espaço pessoal – "bolha de ar" portátil que carregamos conosco

Assim como a maioria dos animais, todo ser humano carrega consigo a sua própria "bolha de ar" portátil, cujo tamanho depende da densidade da população no lugar onde foi criado. O espaço pessoal é, portanto, culturalmente determinado. Enquanto algumas culturas, como a japonesa, estão acostumadas com a superlotação, outras gostam dos "amplos espaços abertos" e preferem que você mantenha distância.

As pesquisas revelam que os atos de violência perpetrados por passageiros de aviões aumentaram na década de 1990, quando as companhias começaram a diminuir o espaço destinado aos assentos para compensar a perda de receita resultante dos descontos nas passagens.

Zonas de distância

Nos países dos leitores, os territórios pessoais podem ser maiores ou menores do que os que mostraremos aqui, mas as zonas hão de ser proporcionalmente as mesmas. Esse território pessoal é dividido em quatro "zonas de distância":

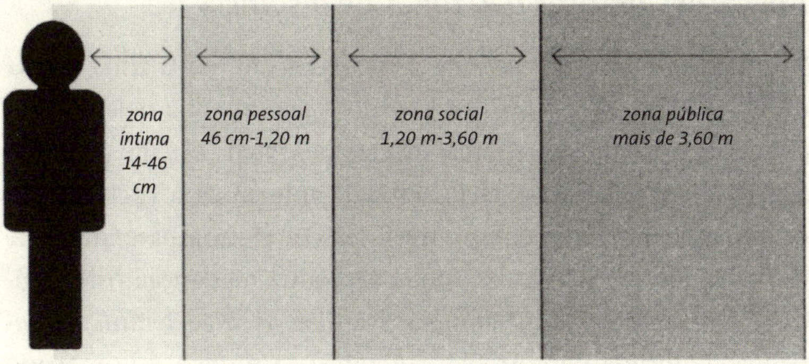

Limites das zonas de distância

1. A zona íntima, de 14 cm a 46 cm de distância do nosso corpo. De todas as zonas de distância, esta é de longe a mais importante, aquela que a pessoa protege como se fosse sua propriedade pessoal. Só os entes afetivamente próximos, como amantes, pais, cônjuges, filhos, amigos íntimos, parentes e mascotes, têm permissão para entrar nela. Ela contém uma subzona que vai até 15 cm do corpo e que só pode ser penetrada durante contatos físicos íntimos. É a zona íntima imediata.
2. A zona pessoal, de 46 cm a 1,20 m. Esta é a distância a que geralmente ficamos de outras pessoas em coquetéis, festas, atividades sociais e reuniões de amigos.
3. A zona social, de 1,20 m a 3,60 m. É a distância que mantemos de estranhos, como o encanador que nos presta um serviço em

casa, o carteiro, o entregador do supermercado, o novo empregado da firma e as pessoas que não conhecemos muito bem.

4. **A zona pública**, mais de 3,60 m. Sempre que nos dirigimos a um grande número de pessoas, esta é a distância que nos parece mais confortável.

Todas essas zonas tendem a diminuir quando se trata da distância entre duas mulheres e a aumentar quando a distância é entre dois homens.

Aplicações práticas das zonas de distância

Normalmente, nós nos sentimos invadidos em nossa zona íntima (de 14 a 46 cm de distância do corpo) quando entra nela alguém com intenção de fazer uma investida sexual, ou uma pessoa hostil, talvez prestes a atacar. Embora toleremos a presença de estranhos dentro de nossas zonas pessoal e social, a entrada de um estranho em nossa zona íntima produz mudanças psicológicas em nosso corpo: os batimentos cardíacos se aceleram, a adrenalina é lançada na corrente sanguínea, o sangue é bombeado para o cérebro e os músculos, como preparação física para uma possível situação de luta ou fuga.

Isto significa que abraçar amigavelmente uma pessoa que você acaba de conhecer pode produzir nela um sentimento negativo em relação a você, embora, para não ofender, ela lhe dê a impressão de estar gostando.

As mulheres ficam ligeiramente mais próximas umas das outras do que os homens quando de pé ou frente a frente, e se tocam mais também.

Se você quer que as pessoas se sintam confortáveis à sua volta, a regra básica é "mantenha distância". Quanto mais íntimo for o seu relacionamento com uma pessoa, mais liberdade você terá para se movimentar dentro das suas zonas de distância. Por exemplo, um empregado novo na firma pode achar que os outros o estão tratando com frieza, quando é provável que estejam apenas mantendo-o em suas zonas sociais até conhecê-lo melhor. À medida que ele vai se tornando conhecido, a distância diminui até ele ter finalmente permissão para se mover dentro de suas zonas pessoais e, em alguns casos, até mesmo de suas zonas íntimas.

Quem se cerca de quem?

A distância com que duas pessoas mantêm os quadris afastados ao se abraçarem dá indícios de seu relacionamento. Amantes pressionam seu tronco contra o do outro e se movimentam dentro de suas respectivas zonas íntimas, o que não ocorre quando você beija um estranho numa festa, a mulher do seu melhor amigo ou a sua tia. Nesses casos todos mantêm suas áreas pélvicas a pelo menos 15 centímetros de distância da sua.

Uma das exceções a esta regra de distância/intimidade se dá quando a distância espacial se baseia na posição social da pessoa. Por exemplo, o diretor executivo da empresa e um empregado que são parceiros de pescaria se movem dentro das respectivas zonas íntimas ao saírem para pescar. No escritório, porém, o diretor executivo mantém o parceiro de pescaria a uma distância social adequada para proteger o código não escrito de regras de conduta entre pessoas de posição social distinta.

Elevador lotado é insuportável

Concertos, cinemas, trens ou ônibus lotados acarretam uma invasão inevitável na zona íntima das pessoas. É fascinante observar suas reações. Na maioria das culturas existe uma lista de regras não escritas que as pessoas seguem rigidamente em situações de aperto físico: elevadores cheios, filas nas lojas de sanduíches, transportes públicos, etc.

As regras usuais do elevador lotado são:

1 - Não fale com ninguém, inclusive conhecidos seus.
2 - Não fique olhando nos olhos das pessoas.
3 - Mantenha uma expressão impassível.
4 - Caso tenha um livro ou jornal, finja estar profundamente concentrado nele.
5 - Em elevador lotado é proibido se mexer.
6 - Fique o tempo todo acompanhando a mudança dos números dos andares.

Esta atitude, que se chama "máscara", é comum em toda parte. Usando uma máscara neutra, as pessoas buscam apenas ocultar das outras as suas emoções.

Palavras como "desânimo", "indiferença" "tristeza" são frequentemente usadas para descrever a expressão das pessoas que vão para o trabalho nos transportes públicos, na hora do rush. Tais rótulos, que pretendem retratar o olhar vazio e inexpressivo nos rostos dos viajantes, resultam de uma interpretação equivocada. O que o observador vê, na verdade, é um grupo de pessoas mascaradas aderindo a regras que se acomodem à inevitável invasão de suas zonas íntimas num ambiente público cheio de gente. É claro que pode haver pessoas desanimadas e tristes por outras razões.

As pessoas que viajam de metrô não são necessariamente infelizes; estão apenas mascarando suas emoções.

Procure observar o seu próprio comportamento da próxima vez que estiver sozinho num cinema lotado. Repare como ao escolher uma cadeira em meio a um mar de rostos desconhecidos, tal como um robô pré-programado você começa a obedecer a regras não escritas de mascaramento. Quando começar a disputar seus direitos territoriais ao braço da cadeira com o estranho ao lado, você perceberá por que as pessoas que vão sozinhas a um cinema lotado preferem muitas vezes não ocupar seus lugares antes de as luzes se apagarem e o filme começar. Seja num elevador, num cinema ou num ônibus lotado, as pessoas ao nosso redor se tornam não pessoas – isto é, elas não existem no que nos diz respeito, e por esta razão não reagimos como se estivéssemos sendo atacados quando alguém inadvertidamente invade o nosso território.

Por que as multidões ficam enfurecidas

Multidões enfurecidas e grupos de manifestantes em luta por um objetivo comum não reagem da mesma forma que os indivíduos isolados quando seu território é invadido. O que ocorre é, na verdade, algo bastante diferente. À medida que cresce a densidade da concentração, o espaço pessoal diminui e a hostilidade da pessoa aumenta. Com isso, a multidão se torna mais irada e ameaçadora, e começam a acontecer brigas. A polícia dispersa a multidão para que, ao recuperar seu espaço pessoal, as pessoas se acalmem.

Foi só nos anos recentes que governos e planejadores urbanos começaram a entender os efeitos da privação de território pessoal sobre os residentes de conjuntos habitacionais de alta densidade. As consequências da densidade excessiva do habitat foram observadas num estudo da população de cervos da ilha James, nos Estados Unidos, que aumentara expressivamente. Registrou-se então uma grande mortalidade de animais, apesar de haver na época alimento abundante, poucos predadores e nenhum tipo de infecção. Estudos semelhantes realizados em anos recentes com ratos e coelhos revelaram a mesma tendência. Investigações subsequentes mostraram que os animais estavam morrendo devido à superatividade das glândulas que produzem adrenalina, resultante do estresse causado pela diminuição do espaço individual. Essas glândulas desempenham importante papel na regulação do crescimento, da reprodução e do nível das defesas corporais. Não era fome, infecções, nem predadores que estavam causando as mortes, e sim uma reação fisiológica ao estresse da superpopulação. É esta uma das razões de as áreas de altos índices de densidade populacional serem também aquelas onde se registram altos índices de criminalidade e violência.

Uma das mais profundas aspirações humanas é a posse da terra. Esta compulsão por um pedaço de terra está relacionada à nossa necessidade de liberdade espacial.

Policiais lançam mão de técnicas de invasão territorial para quebrar a resistência dos criminosos sob interrogatório. O criminoso fica sentado numa cadeira fixa, sem braço, no meio da sala, e os agentes invadem as suas zonas íntima e íntima imediata ao fazer as perguntas e nelas permanecem até ele responder. Um curto período de tempo geralmente é suficiente para que esse assédio territorial quebre a resistência do criminoso.

Rituais de espaço

Toda pessoa que reivindica um espaço ou lugar em meio a estranhos, como uma cadeira no cinema, um lugar na mesa de reunião ou um armário no vestiário da academia, o faz de um modo previsível. Geralmente a pessoa procura o espaço mais amplo disponível entre duas outras pessoas e ocupa o lugar intermediário. No cinema, ela escolhe a cadeira a meio caminho entre o fim da fila e o lugar onde outra pessoa está sentada; na academia, escolhe o armário situado no maior espaço disponível, a meio caminho entre o armário vizinho e a parede.

Médicos e cabeleireiros têm permissão para entrar em nossas zonas íntimas. Mascotes também, a qualquer hora, porque não constituem ameaça.

No cinema, se você escolher uma cadeira que não esteja a meio caminho entre o fim da fila e o seu vizinho, ele tanto pode se sentir ofendido por você se sentar longe demais como incomodado se você se sentar perto demais. A principal finalidade desse rito espacial é manter a concórdia entre as pessoas, razão pela qual ele é provavelmente um comportamento adquirido.

Uma exceção a essa regra é o comportamento espacial das pessoas em relação às cabines dos banheiros. Descobrimos que as pessoas escolhem as últimas cabines em cerca de 90% dos casos; caso elas estejam ocupadas, utiliza-se o princípio do meio de caminho. Nos mictórios públicos, os homens evitam ficar ao lado de estranhos e obedecem à risca a regra não escrita segundo a qual "é preferível a morte ao contato olho no olho".

Faça o teste do almoço

Faça este teste simples da próxima vez que almoçar dividindo a mesa com um estranho. Regras territoriais não escritas dizem que as mesas dos restaurantes são divididas ao meio por uma linha imaginária ao longo da qual os garçons colocam o sal, a pimenta, o açúcar, as flores e outros acessórios. Durante o almoço, mova sutilmente o saleiro para o lado da outra pessoa, depois a pimenta, as flores, e assim por diante. Em pouco tempo esta sutil invasão territorial causará uma reação em seu colega de refeição, que se recostará na cadeira para recuperar espaço pessoal ou começará a empurrar tudo de volta ao centro da mesa.

Fatores culturais que influenciam as zonas de distância

Um jovem casal italiano que migrou da Itália para Sydney, Austrália, foi convidado a se associar a um clube local. Algumas semanas depois, três sócias apresentaram reclamação contra o italiano, alegando que ele estaria fazendo investidas sexuais e incomodando-as com sua presença. Os sócios do clube, por sua vez, achavam que a italiana estava se comportando como uma mulher sexualmente disponível.

Esta situação ilustra as complicações que podem sobrevir quando se juntam pessoas oriundas de culturas que têm diferentes necessidades espaciais. A distância íntima de muitos europeus meridionais é de 20 a 30 cm apenas, e em alguns lugares, ainda menos. O casal italiano não tinha a menor percepção de estar invadindo os 46 cm da zona íntima dos australianos. Além disso, os italianos fazem mais contato visual e tocam com mais frequência, o que deu margem a interpretações equivocadas sobre suas motivações. Alertados para o fato, os italianos, espantados, decidiram se policiar para manter uma distância física culturalmente mais aceitável às pessoas do país.

Entrar na zona íntima de uma pessoa do sexo oposto é uma forma, comumente chamada de "investida", de demonstrar interesse por ela. Quando a investida na zona íntima é rejeitada, a pessoa recua para recobrar seu espaço pessoal. Quando é aceita, a pessoa mantém-se na mesma posição e permite ao intruso permanecer ali. Para medir o nível de interesse de um homem, a mulher deve entrar na sua zona íntima e sair logo em seguida. Caso ele esteja interessado, esta é a deixa para entrar no espaço dela sempre que for dizer alguma coisa.

Quanto maior a proximidade afetiva,
maior a proximidade física entre as pessoas.

O que ao casal italiano parecia uma postura social perfeitamente neutra estava sendo interpretado pelos australianos como investida sexual. Os italianos, por sua vez, achavam os australianos frios e pouco amistosos porque se afastavam deles para manter uma distância confortável.

Território e propriedade

Os bens de uma pessoa e os espaços que ela usa regularmente constituem seu território privado que ela se esforçará para defender da mesma forma que a sua bolha pessoal. A casa, o escritório e o automóvel da pessoa representam territórios com fronteiras perfeitamente definidas, em forma de muros, portões, cercas e portas. Cada território pode ter vários subterritórios. Numa casa, por exemplo, a cozinha pode ser território privado de uma pessoa, que reagirá caso ela seja invadida enquanto a estiver usando; homens de negócio têm seus lugares favoritos nas mesas de reunião, assim como fazem os frequentadores de bares com as suas cadeiras; a mãe e o pai têm suas poltronas favoritas em casa. Esses lugares geralmente são marcados por bens pessoais deixados no local, ou pelo uso continuado. Os frequentadores de bares chegam ao ponto de gravar as iniciais nas "suas" cadeiras, ao passo que os homens de negócio marcam seus territórios nas mesas de reunião com pastas pessoais, canetas, livros e paletós pendurados nas cadeiras.

Se o dono da casa convida o visitante a sentar-se e este se senta inadvertidamente na cadeira errada, o dono pode ficar nervoso com a invasão de seu território e passar à defensiva. Uma simples pergunta como "Qual é a sua cadeira?" pode evitar as consequências negativas de tal equívoco territorial.

Território sobre rodas

Os motoristas são pessoas capazes de reações territoriais totalmente distintas de seu comportamento social normal.

O automóvel parece exercer um efeito amplificador do espaço pessoal do indivíduo. Em alguns casos, este território aumenta até 10 vezes o seu tamanho normal: o motorista se acha no direito de reclamar uma área de até oito metros na frente e na lateral do carro. Quando outro carro entra subitamente nessa área, mesmo sem ter levado propriamente uma "fechada", o motorista sofre uma mudança psicológica que o leva a se enfurecer com o outro e até a atacá-lo. Compare essa atitude com o que ocorre quando uma pessoa entra num elevador na frente da outra, invadindo seu território pessoal. Neste caso, normalmente o invasor se desculpa, e a pessoa permite que ele passe à frente, coisa muito diferente do que ocorreria se alguém passasse à frente dessa mesma pessoa no trânsito.

Para muitas pessoas o carro constitui um casulo protetor.
Elas se sentem invisíveis dentro do carro,
e é por isso que enfiam o dedo no nariz.

Resumindo

Ser aceito ou rejeitado por outras pessoas depende do respeito que você demonstre pelo espaço pessoal delas. É por isso que o sujeito despreocupado que bate nas costas de todo mundo que encontra e toca as pessoas o tempo todo enquanto conversa é objeto não declarado da antipatia geral. Considerando que muitos fatores podem afetar a distância espacial que uma pessoa guarda das demais, é prudente levar em conta todos os critérios antes de fazer um julgamento sobre o motivo que levou o outro a se manter a uma certa distância.

Capítulo 8

Como as pernas revelam as intenções da mente

O grande sedutor sentou-se ao lado da moça, abrindo bem as pernas, alisando a gravata e manipulando uma caneta. Ele não reparou que nos últimos 20 minutos ela tinha cruzado as pernas na direção oposta a ele e apontava os pés para a saída mais próxima.

Quanto mais longe do cérebro está qualquer parte do nosso corpo, menos consciência temos do que ela está fazendo. A maioria de nós tem consciência, por exemplo, dos gestos e expressões que fazemos com o rosto, a ponto de podermos praticar alguns deles, como "um ar de coragem", "um olhar de censura", "um sorriso conformado" ou aquela "cara de satisfação" quando um amigo nos presenteia com uma camisa horrorosa no nosso aniversário. Temos menos consciência dos nossos braços e mãos do que do rosto, menos consciência do peito e do estômago do que dos braços, menos consciência das pernas do que do tronco, e dos pés quase nos esquecemos.

Isso significa que, apesar de as pernas e pés serem uma fonte importante de informação sobre a atitude das pessoas, em sua maioria elas não têm consciência do que eles estão fazendo e jamais consideram a possibilidade de simular gestos com as pernas e os pés como fariam com o rosto. Pessoas de aparência calma e controlada às vezes revelam sua frustração por não poder escapar de uma situação batendo com o calcanhar no chão ou dando pontapés no ar.

Sacudir os pés é como se o cérebro estivesse tentando fugir do que está acontecendo.

As vantagens do modo de andar

O modo como as pessoas balançam os braços ao andar dá uma ideia de como é sua personalidade – ou da impressão que querem transmitir. Pessoas jovens, saudáveis e vibrantes andam mais depressa do que as mais velhas, levantando mais os braços para a frente e para trás. Devido em parte à maior velocidade e à maior flexibilidade muscular, elas às vezes chegam a dar a impressão de estar marchando. A marcha militar, que evoluiu como um caminhar exagerado para exprimir a ideia de juventude e vigor, é adotada por muitas personalidades públicas interessadas em transmitir uma imagem de vitalidade. É por isso que a passada larga é muito popular entre os políticos.

Como os pés dizem a verdade

Fizemos uma série de testes em que gerentes foram instruídos a mentir convincentemente durante entrevistas encenadas. Descobrimos que, independentemente do sexo, a quantidade de movimentos inconscientes com os pés aumentava sensivelmente quando eles mentiam. A maioria fazia expressões faciais artificiais e tentava controlar as mãos, mas quase nenhum tinha consciência do que os pés e pernas estavam fazendo. Resultados iguais a estes foram obtidos pelo psicólogo Paul Ekman, que descobriu que, além de a movimentação da metade inferior do corpo aumentar quando a pessoa mente, o observador tem mais chance de pegar uma mentira quando pode ver a totalidade do corpo do mentiroso. Isto explica por que muitos executivos só se sentem confortáveis sentados atrás de uma mesa fechada na frente, que esconde a metade inferior do seu corpo.

Se você não tem certeza de estar ou não ouvindo uma mentira, olhe embaixo da mesa.

Mesas com tampo de vidro nos causam mais estresse do que mesas opacas, porque ter as pernas à mostra nos dá a sensação de perdermos o controle.

Para que servem as pernas

As pernas dos humanos evoluíram para que eles pudessem se mover à frente com dois propósitos: arranjar comida e fugir do perigo. Como o cérebro humano está programado para esses dois objetivos – ir em direção ao desejado e se afastar do indesejado –, a forma como uma pessoa usa seus pés e pernas é reveladora de aonde ela deseja ir. Em outras palavras, mostra seu interesse em permanecer ou se retirar de uma conversa. Pernas afastadas ou descruzadas mostram atitudes abertas e dominantes, ao passo que pernas cruzadas revelam atitudes fechadas e inseguras.

A mulher que não se interessa por um homem cruza os braços sobre o peito e cruza as pernas, direcionando-as para um lado contrário ao dele e transmitindo assim uma mensagem corporal de "acesso interditado". A mulher interessada se abre para o homem.

As quatro principais posições em pé

1. Posição de sentido

Esta é uma posição formal que exibe uma atitude neutra com respeito ao interesse da pessoa em permanecer ou se retirar. Nos encontros homem-mulher, é uma posição mais usada pelas mulheres, porque mantém as pernas juntas sinalizando a atitude "sem comentário". Os escolares usam-na para falar com os professores; os oficiais subalternos, com seus superiores; os empregados, com seus patrões, e os súditos, para se dirigir aos membros da realeza.

2. Pernas afastadas

Como já foi mencionado, este é um gesto predominantemente masculino. O sujeito mantém os dois pés firmemente plantados no chão, numa clara afirmação de que não tem intenção de se retirar. Este gesto é usado pelos homens como sinal de dominação, porque destaca os genitais, uma atitude tipicamente masculina.

É muito comum vermos jogadores de futebol ajeitando os balangandãs enquanto conversam em pé no intervalo das partidas. Esses ajeitamentos, que não têm nada a ver com coceira, permitem aos homens destacar sua masculinidade e, ao fazerem o gesto todos juntos, exibir solidariedade de equipe.

3. Pé à frente

Todo o peso do corpo é transferido para um dos quadris, com o pé apontado para a frente.

Esta posição fornece uma valiosa indicação das intenções imediatas da pessoa, que aponta o pé que está à frente na direção em que sua mente gostaria de ir e dá a impressão de estar começando a andar. Em reuniões, costumamos apontar o pé que está à frente para a pessoa mais interessante ou atraente, e quando queremos ir embora o apontamos para a saída mais próxima.

4. Pernas cruzadas

Da próxima vez que você for a uma reunião em que estejam presentes homens e mulheres, perceberá que algumas pessoas ficam em pé com os braços cruzados e uma das pernas cruzada na frente da outra. Prestando atenção, verá também que essas pessoas ficam a uma distância dos outros um pouco maior do que a distância social costumeira.

Os que estiverem de casaco ou paletó provavelmente os trarão abotoados. É o que faz a maioria das pessoas quando está no meio de gente que não conhece direito. Se você se dirigir a elas, descobrirá que muitas não conhecem as outras pessoas do grupo.

As pernas afastadas tendem a mostrar uma atitude aberta ou dominante, ao passo que as pernas cruzadas, ao negar simbolicamente o acesso aos genitais, exibem uma atitude fechada, defensiva ou submissa.

Quando o homem está acompanhado de outros que considera inferiores, ele se sente confortável com as pernas afastadas; mas, quando acompanhado de homens que considera superiores, este gesto lhe dá um aspecto competitivo que o faz se sentir vulnerável. Há estudos mostrando que pessoas pouco confiantes também usam posições de pernas cruzadas.

Pernas afastadas exibem confiança masculina;
pernas cruzadas exibem reticência masculina.

Imagine agora que você observa outro grupo de pessoas em pé, com os braços descruzados, as palmas das mãos visíveis, os paletós desabotoados, a aparência descontraída e o corpo apoiado sobre uma das pernas, enquanto a outra aponta para os demais componentes do grupo. Todos gesticulam com as mãos e se movimentam à vontade no espaço pessoal uns dos outros. Olhando mais de perto, você verá que essas pessoas são amigas ou se conhecem pessoalmente. As pessoas do grupo anterior podem até ter expressões faciais tranquilas e conversar de um modo aparentemente livre e descontraído, mas os braços e pernas cruzados nos dizem que elas não se sentem tão relaxadas e à vontade umas com as outras quanto tentam transparecer.

Experimente juntar-se a um grupo em que você não conhece ninguém e ficar em pé, com uma expressão séria e as pernas e os braços firmemente cruzados. Um a um, os demais membros do grupo cruzarão seus braços e pernas e permanecerão nessa posição até que você, o estranho, vá embora. Em seguida, afaste-se e observe como, um a um, todos os membros do grupo reassumem suas posições originais.

Cruzar as pernas não apenas revela emoções negativas e defensivas como faz a pessoa parecer insegura e induz os outros a reagirem da mesma maneira.

As pessoas que cruzam habitualmente os braços e as pernas preferem dizer que sentem frio, em vez de admitir que estão nervosas, ansiosas ou defensivas. Outras dizem simplesmente que se sentem "confortáveis", o que provavelmente é verdade – a pessoa defensiva ou insegura se sente melhor cruzando os braços e as pernas, porque esta postura combina com seu estado emocional.

Como passamos de fechados a abertos

1. Reciprocamente em dúvida

2. Abertura e aceitação

Quando começamos a nos sentir mais confortáveis e a conhecer melhor as pessoas de um grupo, executamos uma série de movimentos que nos fazem passar da posição defensiva, com as pernas e braços cruzados, para uma posição mais aberta e descontraída. Este processo de "abertura" segue a mesma sequência em toda parte.

Começa-se na posição fechada, com as pernas e os braços cruzados. Já mais à vontade, com um início de entendimento, descruzam-se as pernas e juntam-se os pés na posição de sentido. Em seguida, solta-se o braço que está por cima do outro e mostra-se de vez em quando a palma da mão durante a conversa, até que ela deixa de ser usada como barreira. A mão pode segurar a parte externa do outro braço, na posição da barreira com um único braço. Aos poucos os dois braços se descruzam e um deles é usado para gesticular ou se apoia no quadril ou é colocado no bolso. Finalmente, assume-se a posição do pé à frente, prova de aceitação da outra pessoa.

Pernas e braços cruzados

A pessoa que cruza as pernas e os braços provavelmente se retira emocionalmente da conversa. Talvez seja inútil tentar aproximar-se de alguém que se senta deste modo.

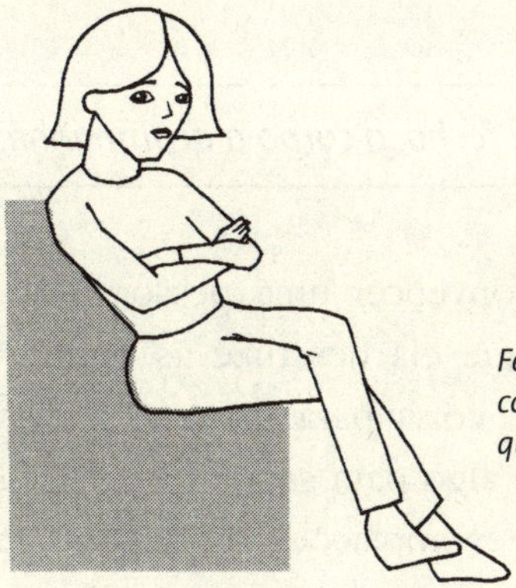

Fechada para a comunicação em qualquer nível

Descobrimos que as pessoas que se sentam assim em situações profissionais falam com frases mais curtas, rejeitam mais propostas e se lembram de menos detalhes do que foi discutido do que as que se sentam com os braços e as pernas em posição aberta.

Quando o corpo se fecha, a mente também se fecha

Comparecemos certa vez a uma conferência cuja plateia – cerca de 100 gerentes e 500 vendedores – era composta metade por homens, metade por mulheres. Discutia-se uma questão polêmica – o tratamento dispensado pelas empresas aos vendedores. Um conhecido orador, presidente da associação de vendedores, foi convidado a se dirigir aos participantes. Quando ele subiu ao palco, todos os gerentes e cerca de 25% das gerentes assumiram posições defensivas, com as pernas e braços cruzados, revelando o quanto se sentiam ameaçados pelo que imaginavam que ele iria dizer. Seus temores eram justificados: ele esbravejou contra a má qualidade da administração e disse que este era um dos principais fatores que contribuíam para os problemas de formação pessoal no ramo. Durante a sua fala, a maioria dos vendedores fez gestos de avaliação ou se inclinou para a frente, demonstrando interesse, enquanto os gerentes assumiam posições cada vez mais defensivas.

Quando a mente se fecha, o corpo a acompanha.

Se você está tentando convencer uma pessoa sentada nessa posição, tente fazer com que ela descruze as pernas antes de prosseguir. Se tiver alguma coisa para mostrar, convide-a a se sentar ao seu lado e dê-lhe algo para segurar, ou faça-a se inclinar para a frente para fazer anotações ou segurar folhetos e amostras. Oferecer chá ou café também costuma funcionar: fica mais difícil a pessoa cruzar as pernas e os braços sem se queimar.

O "4 americano" travado

A posição chamada "4 americano", em que se cruzam as pernas com o tornozelo sobre o joelho, denota uma atitude competitiva.

O "4 americano" travado – trancando-se numa atitude competitiva

Os homens que se sentam assim transmitem uma sensação de maior poder, embora seja uma posição relaxada e jovial.

Mulheres que usam calças compridas também podem assumir esta posição, mas o fazem geralmente quando estão com outras mulheres, pois não querem parecer masculinizadas nem transmitir para os homens a mensagem de que estão sexualmente disponíveis.

Estudos mostram que a maioria das pessoas toma suas decisões finais com os dois pés sobre o chão, o que significa que quando o seu interlocutor adotar o "4 americano" é melhor não reivindicar qualquer decisão.

Mais ainda: quando a pessoa, no "4 americano", segura a perna de cima com uma ou ambas as mãos para travá-la, saiba que provavelmente você está diante de um indivíduo teimoso e obstinado que rejeitará qualquer opinião diferente da própria.

Trançar os tornozelos

A versão masculina do gesto de trançar os tornozelos aparece geralmente combinada com o de abrir as pernas, colocar os punhos cerrados sobre os joelhos, ou agarrar firmemente os braços da cadeira. A versão feminina é um pouco diferente: os joelhos ficam juntos, os pés apontam para um dos lados e as mãos são pousadas sobre a coxa, lado a lado ou uma por cima da outra.

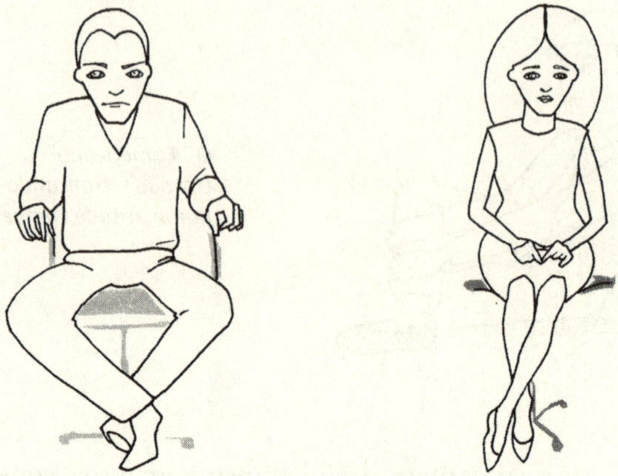

Tornozelos trançados: as pernas da mulher ocupam menos espaço e as do homem mais espaço

Em três décadas de trabalho com entrevistas e vendas, observamos que quando o entrevistado trança os tornozelos está reprimindo uma emoção negativa de dúvida ou medo. Os pés recuados embaixo da cadeira mostram que a pessoa tem uma atitude também recuada. Pessoas *envolvidas* numa conversa colocam os pés *dentro* da conversa.

Nosso trabalho junto a advogados mostrou que os acusados, quando sentados do lado de fora da sala do tribunal imediatamente antes da audiência, tinham três vezes mais chances do que os reclamantes de ter os tornozelos firmemente trançados sob suas cadeiras, tentando controlar suas emoções. Um outro estudo nosso com 319 pacientes de dentistas mostrou que 88% deles trançavam os tornozelos assim que se sentavam na cadeira para iniciar a sessão. Os pacientes que iam fazer uma simples revisão mantinham os tornozelos trançados 68% do tempo, contra 98% dos que iam tomar anestesia.

Em nosso trabalho junto a órgãos públicos como polícia, alfândega e receita, a maioria dos entrevistados trançava os tornozelos no começo da entrevista, por medo ou culpa, em igual proporção.

Ao analisarmos profissionais de recursos humanos, verificamos que a maioria dos entrevistados trançava os tornozelos a certa altura da entrevista, indicando que estavam reprimindo alguma emoção ou atitude.

Perguntas positivas sobre os sentimentos das pessoas fazem muitas vezes com que elas destrancem os tornozelos.

Ainda no estágio inicial de nosso estudo sobre o gesto de trançar os tornozelos, constatamos que fazer perguntas é uma técnica razoavelmente eficaz (42%) para conseguir que os entrevistados relaxem e destrancem os tornozelos. Descobrimos também que o entrevistado costuma relaxar e destrançar os tornozelos – permitindo que a conversa assuma um tom mais aberto e pessoal – quando o entrevistador se senta ao seu lado, eliminando a barreira da mesa.

Numa consultoria a uma empresa sobre a eficácia do contato telefônico com os clientes, conhecemos um homem cujo trabalho, nada invejável, era efetuar cobranças. Observando-o fazer suas ligações, percebemos que, embora procurasse parecer descontraído, seus tornozelos ficavam o tempo todo trançados embaixo da cadeira durante a conversa com os clientes, o que não acontecia quando ele falava conosco. Quando indagado, "Você gosta deste trabalho?", ele respondeu "Ah, é ótimo! É muito divertido", afirmação verbal que, apesar de sua aparência e tom de voz convincentes, era contraditória com seus sinais não verbais. "O senhor tem certeza?", perguntamos. Ele parou um momento, destrançou os tornozelos e, com as mãos espalmadas, disse: "Querem saber, na verdade, ele me deixa louco!" Contou que recebia várias ligações diárias de clientes rudes e agressivos e que se esforçava para reprimir seus sentimentos de maneira a não deixá-los transparecer. Outra coisa que registramos foi que os vendedores que não gostam de usar o telefone geralmente se sentam com os tornozelos trançados.

A síndrome da saia curta

Mulheres que usam minissaia cruzam as pernas e trançam os tornozelos por motivos óbvios e incontornáveis. Anos de hábito, porém, fazem com que muitas mulheres mais velhas ainda se sentem nessa posição, que, além de fazê-las se sentirem tolhidas, pode levar os outros a inconscientemente interpretá-las como negativas e a reagir com cautela.

> *Por incrível que pareça, a minissaia pode dar a impressão de que a mulher não é acessível.*

Algumas pessoas dizem que se sentam com os tornozelos trançados, ou em qualquer posição negativa de pernas e braços cruzados, porque se sentem "confortáveis" assim. Se você pertence a esse grupo, lembre-se do que já dissemos: toda posição de pernas e braços cruzados há de lhe parecer confortável quando você está numa atitude defensiva, negativa ou reservada.

Gestos negativos podem ampliar ou prolongar a atitude negativa e serão interpretados pelas outras pessoas como sinal de um estado de apreensão, espírito defensivo ou não participação. Pratique fazer gestos positivos e abertos. Além de lhe dar mais autoconfiança, eles transmitirão aos outros uma percepção mais positiva de você.

Enroscar as pernas

Este gesto, quase que exclusivamente usado por mulheres, é marca registrada de mulheres tímidas e envergonhadas. Por mais descontraída que pareça da cintura para cima, a mulher que enrosca a parte de cima de um dos pés em volta da outra perna reforça uma atitude insegura e indica que se recolheu dentro da sua carapaça como uma tartaruga. Uma abordagem carinhosa, meiga e amiga é necessária se você deseja aproximar-se.

Pernas cruzadas

Devido à configuração óssea de suas pernas e quadris, a maioria dos homens não consegue se sentar com as pernas cruzadas, razão pela qual este gesto é um poderoso signo de feminilidade. Não surpreende que mais de 86% dos homens consultados em nossa enquete sobre pernas femininas tenham votado nesta como a mais atraente das formas de a mulher se sentar.

Nesta posição, uma perna pressiona a outra, dando-lhes uma aparência jovem e saudável que atrai os homens. É a posição que a mulher aprende em aulas de etiqueta e de modelo profissional. Não deve ser confundida com a atitude da mulher que cruza e descruza constantemente as pernas quando está ao lado de um homem em quem está interessada – neste caso a finalidade é atrair a atenção do homem para as suas pernas.

Os homens votaram nas pernas cruzadas como sua posição favorita de a mulher se sentar

Pé direito para dentro, pé direito para fora

Quando estamos interessados numa conversa ou numa pessoa, colocamos um pé à frente para encurtar a distância entre nós e ela. Quando reticentes ou desinteressados, colocamos o pé para trás, geralmente debaixo da cadeira em que estamos sentados.

Ele está indo com tudo com um pé à frente e as pernas afastadas; ela está indecisa ou desinteressada

O homem tenta demonstrar seu interesse por uma mulher usando uma mensagem corporal de paquera tipicamente masculina: pé à frente, pernas abertas e braços alargados para ocupar mais espaço e dar uma impressão de tamanho maior.

A mulher pode rejeitá-lo usando a típica mensagem corporal feminina de acesso interditado: pernas juntas, corpo virado para fora, braços cruzados e espaço ocupado diminuído.

Resumindo

Nossos pés dizem aonde queremos ir e de quem gostamos ou não gostamos. Se você é mulher, evite cruzar as pernas quando se sentar ao lado de homens de negócio, a menos que esteja usando uma saia ou vestido rodado ou pelo menos abaixo da linha dos joelhos. A visão das coxas da mulher é perturbadora para quase todos os homens e atrapalha o entendimento do que ela tem a dizer. Eles hão de lembrar quem ela era, mas não da sua mensagem. Muitas mulheres usam vestidos mais curtos no trabalho porque esta imagem lhes é continuamente impingida pelos meios de comunicação; mais de 90% de todas as apresentadoras de televisão usam roupas curtas e pernas à mostra. Isso acontece porque está demonstrado que assim os espectadores homens veem os programas por mais tempo; mas os mesmos estudos mostram que quanto mais a mulher mostra as pernas, menos os homens se lembram do conteúdo de suas palavras. A regra aqui é simples – pernas cruzadas e à mostra são fantásticas em situações sociais, mas não nos negócios. Se você é homem e lida com mulheres no trabalho, as mesmas regras se aplicam – mantenha os joelhos unidos.

Capítulo 9

Os 13 gestos que você mais encontra no dia a dia

Raramente as pessoas têm consciência do efeito das mensagens não verbais aparentemente simples que enviam. A maioria dos observadores supõe que os tapinhas nas costas que as pessoas se dão ao final de um abraço, assim como os beijos no ar – o som de beijo que se faz ao lado do rosto da pessoa –, são gestos de carinho. A verdade sobre os tapinhas nas costas é que sua finalidade é dizer à outra pessoa para concluir o abraço e se soltar. Se você não está a fim de abraçar uma determinada pessoa, mas se sente obrigado porque as pessoas à sua frente o fizeram, o mais provável é que comece a bater nas costas dela ainda antes de o abraço começar. O beijo no ar – com o som que o acompanha – é um substituto do beijo real que não queremos dar.

A maioria das pessoas dá tapinhas nas costas para interromper o abraço – os abraços sinceros são apertados.

Este capítulo analisa alguns dos gestos com a cabeça e grupos gestuais corporais que você mais vê no dia a dia do seu relacionamento com as outras pessoas.

Assentir com a cabeça

Na maioria das culturas, assentir com a cabeça é um gesto usado para denotar "sim" ou concordância. É uma forma reduzida da reverência – a pessoa se curva simbolicamente detendo-se no meio do caminho, do que resulta o assentimento com a cabeça. Como curvar-se é um gesto de submissão, o assentimento com a cabeça significa que estamos concordando com o ponto de vista da outra pessoa. Pesquisas feitas com pessoas cegas, surdas e mudas de nascença mostram que elas usam esse mesmo gesto para denotar "sim", o que faz crer que se trata de um gesto inato de submissão.

Na Índia sinaliza-se "sim" inclinando-se a cabeça para um lado e para o outro. Esse gesto, chamado de balançar a cabeça, é bastante perturbador para ocidentais e europeus, que o usam para comunicar "talvez sim, talvez não". Como já dissemos, no Japão o assentimento com a cabeça não significa necessariamente "Sim, eu concordo", mas "Sim, estou ouvindo".

A origem do gesto de assentir com a cabeça é o ato de curvar-se para mostrar subordinação.

Nos países árabes indica-se "não" com um único movimento para cima com a cabeça, e na Bulgária se usa o gesto geralmente entendido como "não" para dizer "sim".

Por que é importante aprender a assentir com a cabeça

A maioria das pessoas nunca pensou na força do assentimento com a cabeça como instrumento de persuasão. Pesquisas mostram que as pessoas falam três ou quatro vezes mais do que de costume quando o ouvinte assente com a cabeça em grupos de três ou quatro movimentos a intervalos regulares. A velocidade dos sinais de assentimento indica a paciência – ou falta de paciência – do ouvinte. O assentimento lento comunica que o ouvinte está interessado no que o orador está dizendo. Por isso, faça três ou quatro movimentos de assentimento vagarosos com a cabeça quando a pessoa estiver se exprimindo. Por outro lado, o assentimento rápido indica que o seu interlocutor já ouviu o suficiente, que ele quer que você termine ou que é a vez dele de falar.

Como estimular a concordância

Existem duas maneiras, ambas poderosas, de assentir com a cabeça. A linguagem corporal é um reflexo exterior inconsciente dos sentimentos interiores, de maneira que quando a pessoa se sente positiva ou afirmativa sua cabeça começa a assentir enquanto ela fala. Inversamente, a pessoa que faz gestos deliberados de assentimento com a cabeça começa a experimentar sentimentos positivos. Em outras palavras, sentimentos positivos levam-nos a assentir com a cabeça – e o inverso também é verdade: assentir com a cabeça cria sentimentos positivos. Uma vez mais, é a lei da causa e efeito.

Assentir com a cabeça é também uma atitude contagiosa. Quando uma pessoa lhe faz um gesto de assentimento com a cabeça, você geralmente retribui o gesto – ainda que não concorde com o que ela está dizendo. Assentir com a cabeça é um excelente instrumento para se criar vínculo, chegar a acordos e obter cooperação. Se você concluir suas frases com partículas verbais do tipo "Não é?", "Concorda?" ou "Está certo?", e se você e seu ouvinte estiverem ambos assentindo com a cabeça, ele experimentará sentimentos positivos que aumentam a probabilidade de que venha a concordar com você.

Assentir com a cabeça incentiva a cooperação e a concordância.

Quando perguntar alguma coisa, faça gestos de assentimento com a cabeça enquanto escuta a resposta do seu interlocutor. Quando ele terminar de falar, *continue* a assentir com a cabeça. Faça *cinco movimentos mais* à razão de um por segundo, aproximadamente. Quando chegar ao quarto, é provável que seu interlocutor recomece a falar e a dar mais informação. Enquanto estiver assentindo com a cabeça, calado com a mão no queixo em posição de avaliação, você não se sentirá pressionado a falar nem dará pinta de interrogador. Ao ouvir, leve a mão ao queixo e alise-o suavemente. Como dito anteriormente, as pesquisas mostram que esse gesto encoraja os outros a continuar falando.

Balançar a cabeça

Pesquisas indicam também que balançar a cabeça, que geralmente significa "não", pode ser um gesto inato. Segundo a biologia evolucionária, este é o primeiro gesto que os humanos aprendem. Esta teoria diz que o recém-nascido, quando já mamou o suficiente, balança a cabeça de um lado para o outro para rejeitar o seio da mãe. De maneira similar, a criança que já comeu o bastante balança a cabeça para impedir que a colher lhe seja enfiada na boca.

Quando uma pessoa estiver tentando convencê-lo, observe se ela faz o gesto "balançar a cabeça" ao mesmo tempo que diz concordar. A pessoa que diz "Compreendo o seu ponto de vista", "Parece bem assim" ou "Nós com certeza faremos negócio" enquanto balança a cabeça de um lado para o outro pode até parecer convincente, mas o gesto "balançar a cabeça" sinaliza uma atitude negativa. O mais prudente da sua parte, neste caso, é o ceticismo.

As posições básicas da cabeça

1. Cabeça erguida

Existem três posições básicas da cabeça. A primeira é a "cabeça erguida", usada por pessoas que têm uma atitude neutra em relação ao que está sendo dito. A cabeça fica parada e a conversa é aqui e ali pontuada por pequenos gestos de assentimento. Gestos apreciativos de levar a mão ao rosto são muitas vezes usados nesta posição. A cabeça mirando o alto com o queixo projetado para a frente sinaliza superioridade, destemor e arrogância. A pessoa que o faz expõe deliberadamente a garganta e ganha altura adicional que lhe permite "olhar por cima do nariz". Queixos largos resultam de altos níveis de testosterona, razão pela qual o queixo projetado para a frente costuma ser associado ao poder e à agressividade.

2. Cabeça inclinada

Inclinar a cabeça para o lado é um sinal de submissão porque expõe a garganta e o pescoço e faz a pessoa parecer menor e menos ameaçadora. Sua origem provável é o gesto do bebê encostar a cabeça no ombro ou peito dos pais. O significado submisso e não ameaçador que contém parece ser inconscientemente compreendido pela maior parte das pessoas, em especial as mulheres.

O gesto de inclinar a cabeça para o lado exibe o pescoço vulnerável e faz a pessoa parecer menor e mais submissa.

Charles Darwin foi um dos primeiros a observar que os seres humanos, assim como os quadrúpedes – os cães em especial –, inclinam a cabeça para o lado quando se interessam por alguma coisa. As mulheres usam esse gesto para mostrar interesse pelos homens que lhes agradam, porque mulheres não ameaçadoras e que demonstram submissão são atraentes para a maioria dos homens.

Estudos baseados nas pinturas dos últimos 200 anos e em anúncios publicitários recentes mostram que as mulheres são retratadas com a cabeça inclinada com frequência três vezes maior do que os homens. Isto prova que a maioria das pessoas entende intuitivamente que exibir o pescoço denota submissão.

Nas negociações comerciais, no entanto, convém que as mulheres mantenham a cabeça erguida o tempo todo.

Quando você for fazer uma apresentação ou palestra, não deixe de procurar esse gesto na plateia. Se você vir pessoas inclinando a cabeça para o lado e se inclinando para a frente com gestos de avaliação do tipo levar a mão ao queixo, é porque está conseguindo se fazer entender. Quando você for escutar uma pessoa, incline a cabeça e assinta com a cabeça para deixar claro ao orador que você não constitui ameaça e, portanto, merece a confiança dele.

3. Cabeça baixa

O queixo abaixado indica uma atitude negativa, crítica ou agressiva. A avaliação crítica é normalmente feita com a cabeça baixa. Enquanto a pessoa não levantar ou inclinar a cabeça, você está com problemas. Apresentadores profissionais e instrutores se defrontam muitas vezes com ouvintes que se sentam com a cabeça baixa e os braços cruzados sobre o peito. Conferencistas experientes tomam medidas para envolver e conquistar a participação da audiência antes de começar a apresentação. É importante que a plateia erga a cabeça e se envolva. Se a tática do orador for bem-sucedida, a atitude seguinte do público será inclinar a cabeça.

Encolher o pescoço

O propósito do gesto de levantar os ombros e enfiar a cabeça entre eles é proteger o pescoço e a garganta. Este grupo ges-

Cabeça para dentro – tentando parecer menor para não ofender os outros

tual é usado quando a pessoa escuta um estrondo atrás de si ou acha que alguma coisa vai cair na sua cabeça. Em contextos profissionais, assim como em qualquer situação em que convenha transmitir confiança, indica uma atitude submissa potencialmente prejudicial.

O catador de fiapos

A pessoa que discorda das opiniões ou atitudes de outra, mas não quer se manifestar, tende a fazer deslocamentos gestuais, isto é, usar signos de linguagem corporal aparentemente inocentes que revelam a existência de uma opinião não expressa. Catar fiapos imaginários da própria roupa é um deles. O catador de fiapos geralmente olha para baixo ou para o lado enquanto executa a sua ação aparentemente menor e irrelevante, que é em geral um sinal de discordância e insatisfação com o que está sendo dito, ainda que dê a impressão de estar concordando com tudo.

Quando vir seu interlocutor fazendo isso, abra as mãos e diga: "O que você acha?" ou "Estou vendo que você tem algumas ideias sobre a questão. Poderia me dizer quais são?". Recoste-se na cadeira, abra os braços com as palmas das mãos à mostra e aguarde a resposta. Se o sujeito disser que concorda com você e seguir catando o seu fiapo imaginário, talvez seja o caso de adotar uma abordagem ainda mais direta para descobrir as objeções que ele oculta.

Como nos mostramos prontos para agir

Para dar a impressão de maior porte físico nas lutas e rituais da corte, os pássaros eriçam as penas e os gatos e cães arrepiam o pelo. Os humanos, porém, não têm nenhuma pelagem significativa que possam expandir para parecer mais imponentes quando se sentem amedrontados ou irados. Para descrever um filme assustador, dizemos "Foi de arrepiar os cabelos"; quando

Cotovelos levantados e apontados denotam disposição de dominar; cotovelos recolhidos e cabeça inclinada denotam submissão

nos referimos à raiva sentida por uma pessoa, "Ele se encrespou com o atendente"; e quando um jovem se anima com a chegada das garotas, "Ele ficou todo ouriçado". Tudo isso são reações mecânicas do corpo a circunstâncias em que nos convém parecer maiores. Os músculos eretores do pelo, situados sob a pele, tentam arrepiar a pelagem que já não possuímos. Para compensar esta falta, os humanos modernos aumentam a sua presença física colocando as mãos nos quadris.

Colocar as mãos nos quadris é um gesto usado por crianças que discutem com os pais, por atletas que aguardam o início da competição, por pugilistas que esperam o começo da luta e por homens decididos a desafiar de maneira não verbal outros homens que ingressam em seu território. É um gesto universal usado para comunicar que o indivíduo está pronto para uma ação agressiva. Além de fazer a pessoa ocupar mais espaço, os cotovelos salientes têm aspecto ameaçador, funcionando como armas capazes de prevenir a aproximação e impedir a passagem de outras pessoas. Os braços semierguidos mostram que a pessoa está pronta para atacar; esta é a posição do caubói na hora do duelo. Colocar uma das mãos no quadril é suficiente para enviar a mensagem desejada, principalmente quando dirigida à vítima potencial.

Conhecido como sinal de que o indivíduo se mostra pronto para executar uma ação afirmativa, esse gesto tem um significado básico sutilmente agressivo em todo o mundo. É também chamado de postura do empreendedor, referida à pessoa resoluta que está pronta para atacar os seus objetivos ou entrar em ação para persegui-los. Essa postura fica bastante reforçada nos homens quando o paletó está aberto e puxado para trás, expondo a frente do corpo, e os pés afastados.

O gesto de colocar as mãos nos quadris faz você parecer maior e mais perceptível porque aumenta o espaço que você ocupa.

Esses grupos gestuais de agressividade-presteza são usados também por modelos profissionais para dar a impressão de que suas roupas se destinam a mulheres modernas, decididas e de ideias avançadas. Às vezes esses gestos são feitos com uma das mãos no quadril e a outra em posição diferente. As mulheres que querem atrair a atenção sobre si mesmas costumam fazê-lo com uma inclinação pélvica para enfatizar a relação cintura/quadril, indicativa de fertilidade. As mãos nos quadris é um gesto regularmente usado na paquera, tanto por homens como por mulheres, para chamar a atenção.

As modelos põem as mãos nos quadris para tornar as roupas mais atraentes

A postura do caubói

A postura do caubói – os dedos apontam para o que ele quer que se observe

Polegares enfiados no cinto ou no alto dos bolsos das calças, enquadrando a região genital, é um gesto basicamente masculino usado para afirmar uma atitude sexualmente agressiva. Nos filmes de caubói esse gesto reafirma na mente dos espectadores a virilidade de seus gatilhos favoritos.

Na vida comum, transmite a mensagem "Eu sou macho – e capaz de dominar", por isso é muito usado por homens à caça de mulheres. Todo homem que fala com uma mulher, em pé, dessa maneira – com as pupilas dilatadas e um pé apontando para ela – é facilmente interpretado. É um dos gestos que mais denunciam as intenções dos homens, pois deixa claro para a mulher o que lhes passa pela cabeça.

A postura do caubói é mais usada pelos homens, mas pode ser vista também entre mulheres que usam jeans e calças compridas. Quando está de vestido ou saia, a mulher sexualmente afirmativa enfia um ou os dois polegares no cinto ou no bolso.

Avaliando a concorrência

Percebe-se que dois homens estão se avaliando quando usam os característicos gestos de mãos nos quadris e polegares no cinto. Mesmo que ambos estejam ligeiramente virados de lado e que pareçam relaxados da cintura para baixo, é razoável supor que estejam se avaliando inconscientemente e que um confronto é improvável.

A conversa pode parecer informal e amistosa, mas o clima não será realmente descontraído enquanto eles não tirarem as mãos dos quadris e adotarem gestos abertos, com a cabeça inclinada.

Se estivessem se encarando com os pés firmemente plantados no chão e as pernas afastadas, seria razoável supor a iminência de uma briga.

A perna sobre o braço da cadeira

Esse gesto, usado quase que exclusivamente por homens, indica não apenas a propriedade do sujeito sobre a cadeira como também uma atitude informal e agressiva.

É comum vermos dois amigos homens rindo e brincando sentados dessa maneira, mas pensemos no impacto dessa atitude em outras circunstâncias. Digamos que um empregado está com um problema pessoal e vai pedir conselho ao patrão. Ele expõe seu problema sentado na cadeira com o corpo inclinado para a frente, as mãos nos joelhos, a cabeça baixa, a voz sumida e a expressão abatida. O patrão o escuta sentado em sua cadeira, imóvel. Depois se recosta e coloca uma das pernas sobre o braço da cadeira. Sua atitude agora denota indiferença e despreocupação. Em outras palavras, ele não está nem aí para o empregado e seu problema e talvez ache que está perdendo tempo com "toda essa história".

O que significa a indiferença do patrão? Ele pode ter pensado no problema do empregado e se desinteressado por achar que não era tão grave assim. Talvez diga ao empregado para não se preocupar que o problema acabará se resolvendo por si mesmo. Enquanto sua perna estiver sobre o braço da cadeira, sua atitude indiferente persistirá. Quando o empregado sair da sala, ele dará um suspiro de alívio e dirá a si mesmo "Graças a Deus ele foi embora!" e tirará a perna de cima do braço da cadeira.

O gesto de colocar a perna sobre o braço da cadeira pode ser profundamente irritante numa negociação. É vital fazer com que o sujeito mude de posição porque, quanto mais tempo ele permanecer assim, por mais tempo se manterá a sua atitude indiferente ou agressiva. Use sua imaginação e criatividade para fazê-lo mudar de postura.

Montado na cadeira

Séculos atrás, os homens usavam escudos para se proteger das lanças e tacapes do inimigo. O homem civilizado de hoje em dia usa o que estiver à sua disposição para repetir esse comportamento autoprotetor quando sob ataque físico ou verbal. Ele se refugia atrás de portões, portas, cercas, mesas, a porta aberta do seu carro e até cadeiras.

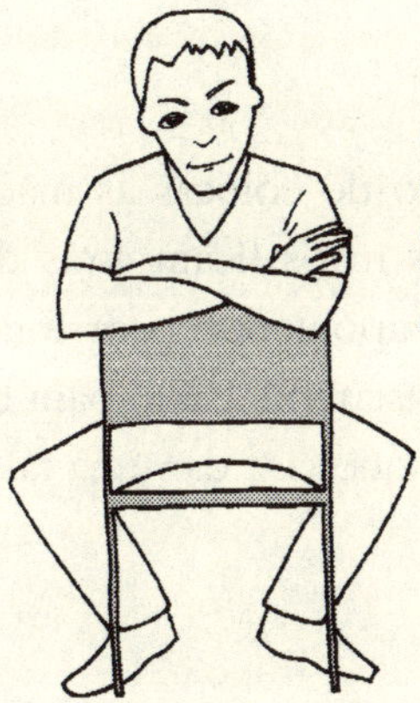

O "cavaleiro" quer dominar ou controlar ao mesmo tempo que protege a frente do corpo

As costas da cadeira servem de escudo protetor para o corpo, acentuando o caráter agressivo e dominante da personalidade do indivíduo. Os homens arreganham as pernas e expõem a genitália, o que confere assertividade masculina à posição. Na maioria são indivíduos dominantes que tentam controlar os outros, usando as costas da cadeira como proteção contra eventuais "ataques" dos outros membros do grupo.

A melhor maneira de desarmar quem monta na cadeira é ficar em pé ou sentado atrás dele para fazê-lo sentir-se vulnerável a um ataque e obrigado a mudar de lugar. Essa tática costuma ser eficaz em situações de grupo, porque deixa o homem com as costas expostas, compelindo-o a adotar outra posição.

Mas o que fazer quando ele está sentado numa cadeira giratória? Não adianta tentar argumentar com um homem que expõe a genitália sentado num carrossel. Portanto, a melhor defesa é não verbal. Conduza a conversa de pé, olhando-o de cima para baixo, e entre no espaço pessoal dele. Isso é tão enervante que ele pode até cair da cadeira na tentativa de se levantar.

Da próxima vez que um homem assim vier visitá-lo, faça questão de lhe oferecer uma cadeira fixa, de braço, para impedi-lo de assumir sua posição preferida. Impedido de "cavalgar", seu próximo movimento deverá ser a catapulta.

A catapulta

Esta é a versão sentada do gesto de colocar as mãos nos quadris, exceto pelo fato de que as mãos ficam atrás da cabeça e os cotovelos ameaçadoramente apontados para fora. Uma vez mais, é um gesto inteiramente masculino usado para intimidar ou indicar uma atitude descontraída que visa dar uma falsa sensação de segurança.

A catapulta: na dele, confiante, sabe tudo e pensa que tem mais garrafas vazias para vender do que todo mundo

A catapulta é um gesto característico de profissionais como financistas, advogados, gerentes de vendas e pessoas que se sentem superiores, dominantes ou confiantes a respeito de alguma coisa. Se pudéssemos ler a mente dessas pessoas, veríamos pensamentos como "Eu tenho todas as respostas", "Está tudo sob controle" ou "Quem sabe um dia você chegue a ser tão inteligente quanto eu?". Gerentes recém-promovidos usam-no regularmente. Também característico de indivíduos do tipo "Eu já sei de tudo isso", esse gesto, capaz de intimidar a maioria das pessoas, é a marca registrada de homens que fazem questão de que os outros percebam como eles são notáveis.

A catapulta geralmente aparece combinada com o "4 americano" e com a exposição da genitália, o que mostra que a pessoa não apenas se sente superior, como também gosta de discutir e procura dominar. Há várias maneiras de se lidar com esse tipo, dependendo das circunstâncias. Uma delas é você se inclinar para a frente com as mãos espalmadas para cima e dizer: "Eu vejo que você conhece o assunto. Gostaria de fazer algum comentário?" Em seguida recoste-se na cadeira e aguarde a resposta.

As mulheres criam rapidamente aversão por homens que fazem a catapulta em reuniões de negócio.

Você pode também colocar um objeto fora do alcance da pessoa e perguntar "Você já viu isto?", forçando-a a se inclinar para a frente. Se você é homem, imitar o gesto pode ser uma forma simples de lidar com a catapulta, porque a imitação cria igualdade. Mas imitar não funciona para as mulheres, porque os seios expostos as deixam em desvantagem. Mulheres de seios pequenos que tentam fazer a catapulta são vistas como agressivas tanto por homens como por mulheres.

Se você é mulher e se deparar com um homem que faz a catapulta, procure falar com ele de pé. Isto o obrigará a mudar de posição para poder continuar a conversa. Quando ele sair da catapulta, sente-se. Caso ele volte a ela, levante-se outra vez. Esta é uma forma não agressiva de treinar os homens a não pretenderem intimidá-la. Por outro lado, se a pessoa que faz a catapulta é seu superior e a está repreendendo, você pode intimidá-la imitando-lhe o gesto. Dois iguais farão a catapulta na presença um do outro para mostrar igualdade e concordância, mas um estudante abusado que o fizer na frente do diretor da escola o deixará furioso.

Descobrimos, numa companhia de seguros, que 27 dos 30 gerentes de vendas do sexo masculino faziam a catapulta regularmente na presença de seus vendedores e subordinados, mas raramente na de seus superiores, caso em que tendiam a usar grupos gestuais submissos e subalternos.

Gestos que mostram que a pessoa está a postos

Uma das coisas mais valiosas que um negociador pode aprender em matéria de gestos é reconhecer a posição "sentado e a postos". Quando, por exemplo, uma entrevista caminha positivamente e ao final da sua apresentação o cliente faz esse gesto, as chances de você fechar um negócio são consideráveis.

Nossos vídeos de entrevistas de vendedores com compradores potenciais revelaram que quando a posição "sentada e a postos" seguia o gesto de alisar o queixo (tomada de decisão) o cliente dizia "sim" à proposta em mais de 50% das vezes. Em contraposição, se na etapa da decisão o cliente cruzava os braços imediatamente depois de alisar o queixo, a venda geralmente não era feita. O gesto "sentado e a postos" também aparece na pessoa enfurecida que está pronta para algo mais – mandar você sair, por exemplo. São os grupos gestuais precedentes que indicam as reais intenções da pessoa.

A posição de largada

Alguns dos gestos de presteza que sinalizam o desejo de concluir uma reunião são: inclinar-se para a frente com as mãos nos joelhos e inclinar-se para a frente agarrando a cadeira com as duas

Ocupem suas posições: preparar para a largada – prontos para encerrar uma reunião ou uma conversa

mãos, como se fosse dar a largada numa corrida. Quando você se deparar com qualquer um desses gestos, convém tomar a dianteira e encerrar a conversa.

Resumindo

Os sinais de linguagem corporal abordados neste capítulo são facílimos de se observar, pois a maioria envolve gestos largos. É muito importante que você aprenda o significado deles, mas não só isso: para uma boa comunicação, é vital que você elimine do seu repertório todos os gestos negativos e pratique aqueles que lhe proporcionarão resultados positivos.

Capítulo 10

Espelhando

É assim que se cria vínculo

Toda vez que conhecemos uma pessoa nova, procedemos a uma rápida avaliação de sua atitude para conosco, se positiva ou negativa. Todos os animais fazem o mesmo por motivos de sobrevivência. Examinamos o corpo do outro em busca de movimentos e gestos iguais aos nossos, atitude conhecida como "espelhamento". Espelhar a linguagem corporal do outro é uma forma de estabelecer vínculo, obter aceitação e criar um relacionamento, mesmo que a pessoa, como geralmente acontece, não se dê conta de o estar fazendo. O espelhamento é um mecanismo social que em épocas remotas ajudou nossos ancestrais a se harmonizarem com grupos maiores. É também resquício de um método primitivo de aprendizado que envolvia o ato de imitar.

Uma das manifestações mais comuns do espelhamento é o bocejo – basta alguém começar para todo mundo fazer o mesmo. Robert Provine descobriu que o bocejo é tão contagiante que não é necessário nem vermos outra pessoa bocejar – basta-nos a visão de uma boca aberta.

Entre as mulheres, usar uma roupa igual à da outra é algo inconcebível. Mas dois homens que vão a uma festa com a mesma roupa são capazes de ficar amigos para sempre.

Espelhar o outro é uma forma não verbal de dizer: "Olhe para mim; eu sou igual a você. Sinto o que você sente e tenho as mesmas atitudes." É por isso que o público dos concertos de rock pula e aplaude junto. O sincronismo da multidão reforça em cada indivíduo a sensação de segurança. Numa multidão enfurecida, as pessoas reproduzem os comportamentos agressivos, razão pela qual muita gente habitualmente calma costuma perder a linha nesse tipo de situação.

O impulso de espelhar é a base do funcionamento das filas. Seja nos pontos de ônibus, nas galerias de arte, nos bancos ou na guerra, as pessoas em fila cooperam voluntariamente com outras que não conhecem e que nunca verão novamente, obedecendo a um conjunto de regras comportamentais não escritas. O professor Joseph Heinrich, da Universidade de Michigan, descobriu que o impulso de espelhar os outros está gravado em nosso cérebro porque a cooperação resulta em mais alimentos, mais saúde e mais crescimento econômico para a comunidade. A cooperação explica também por que os povos mais disciplinados na arte de espelhar, como os britânicos, os alemães e os antigos romanos, conseguiram dominar o mundo durante tantos anos.

Espelhar faz com que o outro se sinta "à vontade". E é uma forma tão potente de criar vínculo que inclui – como atestam pesquisas realizadas em câmara lenta – os movimentos de piscar os olhos, inflar as narinas, erguer as sobrancelhas e até dilatar as pupilas ao mesmo tempo que o outro, o que é notável, uma vez que tais microgestos não podem ser conscientemente imitados.

Como criar as vibrações certas

Estudos sobre o sincronismo da linguagem corporal mostram que pessoas que sentem emoções similares, que estão na mesma onda ou que começam a relacionar-se tendem a refletir as respectivas linguagens e expressões corporais. "Sincronizar" para criar vínculo é um processo que começa no útero quando as funções corporais e batimentos cardíacos do bebê se casam com o ritmo da mãe. O espelhamento é, portanto, uma atitude para a qual somos naturalmente inclinados.

Quando uma pessoa diz ter "uma boa sintonia" ou "se sentir bem" com outra, está se referindo sem saber ao comportamento imitativo e sincrônico. Uma pessoa pode se sentir incomodada de comer ou beber sozinha num restaurante por receio de estar fora de sintonia com as outras. Na hora de fazer o pedido, é comum se ouvir a pergunta: "O que você vai comer?" As pessoas têm uma certa propensão para copiar os respectivos pedidos. Esta é uma das razões pelas quais a música de fundo é tão eficaz nos encontros românticos – ela faz os corações dos amantes baterem no mesmo compasso.

Espelhar a linguagem corporal e a aparência de outra pessoa demonstra unidade e impede que uma se sinta em vantagem sobre a outra.

O espelhamento no nível celular

O cardiologista americano Dr. Memhet Oz relatou algumas notáveis descobertas feitas junto a receptores de transplantes cardíacos. Assim como a maioria dos órgãos do corpo humano, o coração parece reter lembranças celulares, o que permite a alguns receptores sentir emoções experimentadas pelo doador. E o que é mais notável, ele descobriu que alguns receptores adotam os mesmos gestos e atitudes do doador, mesmo sem nunca tê-los visto. Sua conclusão foi a de que as células do coração parecem instruir o cérebro dos receptores a adotar a linguagem corporal dos doadores. As pessoas que sofrem de autismo, por sua vez, têm sérias dificuldades de comunicação devido à sua incapacidade de espelhar ou reproduzir o comportamento alheio. O mesmo vale para os bêbados, em cujos gestos ninguém pode se espelhar por estarem fora de sintonia com suas palavras.

O fenômeno da causa e efeito determina que, ao executar *deliberadamente* certos movimentos de linguagem corporal, você começa a experimentar as emoções a eles associadas. Se você se sente confiante, tende a fazer inconscientemente o campanário; se, por outro lado, adota deliberadamente a posição do campanário, você não apenas tende a se sentir mais confiante como faz com que os outros o percebam. Espelhar as respectivas posturas e linguagens corporais é, portanto, uma poderosa maneira de as pessoas criarem vínculo umas com as outras.

Homens e mulheres não se espelham da mesma forma

Geoffrey Beattie, da Universidade de Manchester, descobriu que a mulher é instintivamente quatro vezes mais propensa a espelhar outra mulher do que o homem a espelhar outro homem. Descobriu também que as mulheres espelham a linguagem corporal dos homens, ao passo que estes relutam em espelhar atitudes e gestos femininos – a menos que estejam no modo de paquera.

Quando uma mulher diz estar "vendo" que uma pessoa não concorda com a opinião do grupo, ela está realmente "vendo" o desacordo. Ela percebe quando a linguagem corporal de uma pessoa está fora de sintonia com a opinião do grupo e sabe que essa pessoa demonstra seu desacordo evitando espelhar a linguagem corporal dos outros. A capacidade feminina de "ver" o desacordo, a raiva, a mentira e a mágoa sempre foi motivo de espanto para a maioria dos homens. E a razão é simples: por não estar equipado para enxergar as sutilezas da linguagem corporal, o cérebro masculino não registra conscientemente as discrepâncias de espelhamento.

Como explicamos em nosso livro *Por que os homens fazem sexo e as mulheres fazem amor?*, os cérebros masculino e feminino não são igualmente programados para expressar emoções por meio de sinais faciais e linguagem corporal. A mulher usa, em média, seis expressões faciais básicas a cada 10 segundos para refletir e realimentar as emoções da pessoa que fala. Seu rosto espelha as emoções expressas pelo orador. Para o observador de uma conversa entre duas mulheres, pode parecer que os fatos em discussão dizem respeito a ambas.

A mulher interpreta o significado do que está sendo dito pelo tom de voz da pessoa que fala e avalia o estado emocional do orador pela sua linguagem corporal. Pois é exatamente isso o que o homem precisa fazer para atrair a atenção da mulher e mantê-la interessada no seu discurso. Em geral, os homens relutam em utilizar a técnica da realimentação facial, que, no entanto, rende grandes dividendos aos que conseguem dominá-la.

Alguns homens dizem "Ela vai achar que eu sou fresco!", mas as pesquisas mostram que os homens que espelham as expressões faciais das mulheres quando elas falam são considerados carinhosos, inteligentes, interessantes e atraentes.

Por outro lado, os homens não conseguem fazer nem um terço das expressões faciais das mulheres. Devido à necessidade evolucionária de se conter, de dar a impressão de estar no pleno controle de suas emoções para repelir possíveis ataques por parte de estranhos, os homens geralmente ouvem com uma expressão de indiferença, principalmente em público. É por isso que a maioria deles escuta com cara de estátua.

A máscara de indiferença que os homens usam para escutar, e que os faz se sentirem no controle da situação, não significa que eles não tenham emoções. Imagens do cérebro mostram que os homens são tão sujeitos a sentir emoções quanto as mulheres, mas evitam demonstrá-las publicamente.

O que fazer a respeito, se você é mulher

O segredo para espelhar o comportamento de um homem está em entender que ele não usa o rosto, e sim o corpo, para sinalizar suas atitudes. A maioria das mulheres acha difícil espelhar um homem inexpressivo, o que por outro lado não é algo que se exige dos homens. Se você é mulher, convém limitar suas expressões faciais para não dar a impressão de que pretende se impor ou intimidar. E o mais importante: não espelhe o que você acha que ele *pode* estar sentindo, pois neste caso, se você estiver errada, ele por certo vai considerá-la "confusa" ou "avoada", o que seria desastroso. Mulheres de negócio que ouvem com uma expressão séria são descritas pelos homens como inteligentes, perspicazes e sensíveis.

Quando homens e mulheres começam a se parecer uns com os outros

É comum duas pessoas que vivem juntas há muito tempo e têm um bom relacionamento se tornarem pouco a pouco parecidas. O hábito de espelharem rotineiramente as respectivas expressões faciais cria, com o passar do tempo, definições musculares nas mesmas áreas do rosto. Mesmo casais que não se parecem de rosto podem sair parecidos nas fotos, por usarem o mesmo sorriso.

O psicólogo Dr. John Gottman, da Universidade de Washington, e seus colegas descobriram, no ano 2000, que a probabilidade de um casamento fracassar é maior quando um dos parceiros não apenas deixa de copiar as expressões de felicidade do outro como tem o hábito de fazer cara de desdém. Estes comportamentos opostos acabam afetando o parceiro bem-humorado sem que nenhum dos dois perceba o que está acontecendo.

É verdade que nossos bichos de estimação se parecem conosco?

O fenômeno do espelhamento acontece também na escolha das mascotes. Nós temos uma tendência inconsciente de dar preferência a mascotes que se assemelhem fisicamente a nós ou que pareçam refletir nossas atitudes. Procure observar, e irá concordar conosco. Além de divertir-se.

Continue observando

Da próxima vez que você for a uma atividade social ou a um lugar onde as pessoas se encontrem para conversar, observe quantas delas adotam gestos ou posturas idênticas às do seu interlocutor. O espelhamento é um modo de o indivíduo dizer ao outro não verbalmente que está de acordo com suas ideias e atitudes: "Como você vê, eu penso o mesmo que você." Em geral é a pessoa de status mais elevado que faz os movimentos iniciais, e as outras a espelham, quase sempre em ordem hierárquica.

O espelhamento costuma acontecer entre amigos e pessoas de mesma posição social. É comum ver casais casados em pé, caminhando ou se movimentando de forma idêntica. Albert Scheflen descobriu que pessoas que não se conhecem *evitam* cuidadosamente espelhar as respectivas posturas.

Casando as vozes

A inflexão e a entonação da voz, a velocidade da fala e até o sotaque das pessoas se sincronizam no processo de espelhamento para propiciar atitudes comuns e criar vínculo. Este processo, conhecido como "cadenciamento", às vezes dá a impressão de que as duas pessoas que conversam formam um dueto. É muito comum vermos um orador marcar o tempo com as mãos enquanto o ouvinte acompanha o ritmo assentindo com a cabeça. À medida que o relacionamento evolui, o espelhamento das principais posições da linguagem corporal diminui. Um começa a antecipar as atitudes do outro e o vínculo é mantido, fundamentalmente, por meio do cadenciamento da voz.

Nunca fale mais rápido do que seu interlocutor. Estudos revelam que as pessoas dizem se sentir "pressionadas" quando seus interlocutores falam mais depressa do que elas. A velocidade da fala de uma pessoa é relativa à capacidade de o seu cérebro analisar conscientemente a informação. Fale na mesma velocidade ou um pouco mais devagar que o seu interlocutor e procure espelhar a inflexão e a entonação da sua voz. O cadenciamento da fala é decisivo quando se tem de fazer anotações por telefone porque, neste caso, a voz é o único meio de comunicação.

Criando vínculo conscientemente

O espelhamento é uma das mais importantes lições de linguagem corporal a se aprender, porque nos informa claramente que os outros concordam conosco ou gostam de nós. Espelhar a linguagem corporal é também uma forma simples de dizer aos outros que gostamos deles.

Um patrão que queira criar vínculo e manter um clima descontraído com um empregado nervoso pode atingir seu objetivo espelhando-lhe a postura. Reciprocamente, um empregado diligente pode ser visto espelhando os gestos do patrão para demonstrar concordância quando ele expressa a sua opinião. Essa atitude pode ajudar a descontrair o humor do outro, porque lhe permite "ver" que você compreende o seu ponto de vista.

Antes, porém, de espelhar a linguagem corporal de outra pessoa, você deve levar em consideração a natureza do seu relacionamento com ela. Digamos que um empregado recém-admitido numa grande empresa peça um aumento de salário e seja chamado à sala do gerente. Ao entrar na sala, o gerente o convida a sentar-se e adota a posição da catapulta com o "4 americano", mostrando-lhe uma atitude superior e dominante. O que aconteceria se o empregado decidisse espelhar a linguagem corporal dominante do gerente durante a discussão do aumento salarial pretendido?

Mesmo que o empregado se expressasse com uma linguagem subalterna, o gerente se sentiria afrontado pela sua linguagem corporal, e o emprego do subordinado estaria em perigo. Por outro lado, o espelhamento é eficaz quando se quer intimidar ou "desarmar" tipos superiores que tentam assumir o controle da situação. Financistas, advogados e gerentes são conhecidos por usar grupos gestuais de superioridade perto de pessoas que veem como inferiores. Espelhando-os, você pode desconcertá-los e forçá-los a mudar de posição. Mas nunca faça isso com o seu chefe.

O patrão veria como arrogante o comportamento imitativo do subordinado

Quem espelha quem?

As pesquisas mostram que quando o líder de um grupo adota certos gestos e posturas os subordinados o copiam, geralmente em ordem hierárquica. Os líderes tendem a ser os primeiros a entrar num recinto e gostam de se sentar na ponta, e não no centro, do sofá, mesa ou banco. Quando um grupo de executivos entra numa sala, a pessoa de status mais elevado geralmente vai à frente. Quando os executivos se sentam na sala do conselho, o presidente costuma ocupar a cabeceira da mesa, em geral a posição mais distante da porta. Se o presidente se senta fazendo a catapulta, é provável que seus subordinados o copiem em ordem de importância dentro do grupo. Pode-se ver isso claramente em reuniões em que as pessoas "tomam partido" umas das outras espelhando suas respectivas linguagens corporais – o que permite saber quem votará a favor e contra quem.

O espelhamento é uma boa estratégia a ser usada se você faz parte de uma equipe de apresentação. Combine de antemão que quando o porta-voz da equipe fizer um gesto ou assumir determinada postura durante a fala toda a equipe o espelhará. Isto não apenas dará à sua equipe uma firme aparência de coesão como há de apavorar os concorrentes, que vão achar que vem mais coisa por aí, ainda que não saibam dizer o que é.

Quando se apresentam ideias, produtos e serviços a casais, observe quem espelha quem e você saberá quem tem o poder maior e a capacidade de tomar a decisão final. Se a mulher fizer os movimentos iniciais, por pequenos que sejam, como cruzar os pés, entrelaçar os dedos, e algum grupo gestual de avaliação crítica, e o homem copiá-la, não vai adiantar pedir a ele uma decisão – ele não tem autoridade para tanto.

Resumindo

Espelhar a linguagem corporal é algo que ocorre naturalmente entre pessoas de mesma posição social para criar vínculo e fazer o outro se sentir aceito. Por outro lado, fazemos questão de não espelhar pessoas de quem não gostamos e gente estranha, como quem sobe conosco nos elevadores ou está ao nosso lado na fila do cinema.

Espelhar a linguagem corporal e os padrões de discurso de outra pessoa é uma das formas mais eficazes de se criar vínculo rapidamente. Da próxima vez que for se encontrar com uma pessoa, espelhe a sua maneira de se sentar, a sua postura e o ângulo do seu corpo, assim como seus gestos, expressões e tom de voz. Em pouco tempo, ela começará a sentir que há em você algo que lhe agrada – ela o descreverá como um indivíduo de "fácil convívio" –, por se ver refletida em você. Mas, atenção: o espelhamento tem que ser feito de forma muito sutil, para não parecer um arremedo agressivo. Espelhar rende muitos dividendos. Mas jamais espelhe os sinais negativos de ninguém.

Capítulo 11

Os sinais secretos do cigarro, dos óculos e da maquiagem

Fumar pode ser um sinal exterior de perturbação ou conflito interior, cuja maior parte tem menos a ver com o vício da nicotina do que com a necessidade de afirmação. Na sociedade atual, o fumo é um dos substitutos mais comumente usados para aliviar as tensões provenientes dos embates sociais e profissionais. Por exemplo: a maioria das pessoas experimenta uma certa tensão interior enquanto aguarda na antessala do dentista a hora de sentar-se na cadeira para fazer uma extração. Enquanto o fumante encobre sua ansiedade saindo furtivamente para fumar, os não fumantes se dedicam a rituais como mascar chiclete, roer as unhas, tamborilar com os dedos, bater com o pé no chão, coçar a cabeça e outros gestos que nos informam que eles precisam de segurança. As joias servem para o mesmo propósito – acariciá-las permite ao seu portador descarregar sua insegurança, temores, impaciência ou falta de confiança.

Estudos recentes mostram uma clara relação entre a amamentação dos bebês e a propensão ao tabagismo na idade adulta. Descobriu-se que a maioria dos fumantes adultos e mais inveterados não foi amamentada quando bebê e que quanto maior o tempo de amamentação do bebê menor a probabilidade de o adulto vir a ser fumante. Os fumantes de modo geral recorrem ao cigarro pelo mesmo motivo que leva a criança a chupar o cobertor e o dedo.

Bebês não amamentados têm uma probabilidade três vezes maior de se tornarem adultos fumantes do que bebês amamentados.

Está provado que os fumantes não apenas têm três vezes mais probabilidade de ter chupado o dedo quando crianças como também são mais ansiosos que os não fumantes, além de exibirem fixações como sugar armação de óculos, roer as unhas, chupar canetas, morder os lábios e mastigar o lápis. Muitos desejos, incluindo o ímpeto de sugar e se sentir seguro, só são claramente satisfeitos em bebês amamentados.

Os dois tipos de fumantes

Existem dois tipos básicos de fumantes – os viciados e os sociais. Os estudos mostram que tragadas curtas e rápidas estimulam o cérebro, proporcionando um nível mais elevado de consciência, ao passo que tragadas lentas funcionam como sedativo. Fumantes inveterados são dependentes dos efeitos sedativos da nicotina – que os ajudam a lidar com o estresse –, dão tragadas mais longas e profundas e fumam sozinhos. Fumantes sociais em geral só fumam na presença de outros ou "quando tomo alguns drinques", o que significa que esse tipo de tabagismo pode ser uma exibição social destinada a impressionar os outros. No tabagismo social, o cigarro só é fumado 20% do tempo em que permanece aceso, em tragadas curtas e rápidas; os outros 80% são dedicados a uma série de gestos e rituais de linguagem corporal.

Fumar socialmente é sobretudo um ritual.

Um estudo realizado por Andy Parrot, da Universidade de East London, relata que 80% dos fumantes dizem se sentir menos estressados quando fumam. Entretanto, os níveis de estresse dos fumantes adultos são apenas ligeiramente mais altos do que os dos não fumantes, mas aumentam com o desenvolvimento do hábito de fumar. Parrot descobriu que, na verdade, parar de fumar leva a uma redução do estresse. A ciência vem demonstrando que o fumo não ajuda a controlar o humor porque a dependência da nicotina aumenta o nível de estresse. O efeito supostamente relaxante do tabaco não é senão a reversão da tensão e irritabilidade decorrentes da diminuição dos níveis de nicotina no organismo do fumante. Em outras palavras, o humor do fumante é normal quando ele fuma e estressado quando ele *não* fuma, o que significa que para se sentir normal o fumante precisa ter sempre um cigarro aceso na boca! Quando param de fumar, os fumantes ficam progressivamente menos estressados. O hábito de fumar reflete o efeito inverso da tensão e do estresse causados pela falta de nicotina no sangue.

Estudos registram um aumento dos níveis de mau humor nas primeiras semanas de abstinência do cigarro, seguido de uma sensível melhora depois que toda a nicotina é eliminada do sangue, reduzindo a ânsia da droga e o estresse resultante.

Fumar é como dar com o martelo na própria cabeça: quando você para, se sente melhor.

Embora fumar seja hoje proibido em muitos lugares e situações, convém entender a conexão entre os sinais da linguagem corporal do fumante e a sua atitude. Os gestos ligados ao hábito de fumar desempenham um papel importante na avaliação dos estados emocionais e são geralmente capazes de fornecer indícios importantes sobre o estado de espírito e as pretensões do fumante. O ritual do cigarro envolve uma série de movimentos como bater, enrolar, apertar, agitar e outros minigestos indicativos de que a pessoa está mais tensa que o normal.

Diferenças entre homens e mulheres

As mulheres costumam segurar o cigarro no alto com o pulso à mostra, curvado para trás, deixando exposta a frente do corpo. Os homens fumam com o pulso reto para evitar parecerem efeminados e abaixam a mão que segura o cigarro até a linha do peito depois de expelir a fumaça, mantendo a frente do corpo permanentemente protegida.

O número de mulheres fumantes é duas vezes maior que o de homens. Os dois sexos dão o mesmo número de baforadas por cigarro, mas os homens dão tragadas mais longas, o que os torna mais suscetíveis ao câncer de pulmão.

Como identificar uma decisão positiva ou negativa

Baforada para cima: confiante, superior, positivo; baforada para baixo: negativo, reservado, desconfiado

A atitude positiva ou negativa se revela pela direção em que o fumante exala a fumaça, se para cima ou para baixo. Nossa hipótese é a seguinte: não é para não ofender os outros que o fumante sopra a fumaça para cima, pois ele sempre pode soltar suas baforadas em outra direção. O fumante que se sente positivo, superior ou confiante em relação ao que vê e ouve quase sempre sopra a fumaça para o alto. Inversamente, o fumante cujo estado de espírito é negativo, reservado ou desconfiado quase sempre sopra a fumaça para baixo. Soprar a fumaça para baixo pelo canto da boca indica uma atitude ainda mais negativa e reservada.

Parece existir também uma relação entre o estado de espírito do fumante e a velocidade com que ele sopra a fumaça: quanto mais rápida a baforada para cima, mais superior e confiante; quanto mais rápida a baforada para baixo, mais negativo ele se sente.

A análise dos gestos associados ao cigarro em contextos de vendas revela que quando os fumantes são solicitados a comprar, aqueles que já tomaram uma decisão positiva sopram a fumaça para cima, ao passo que aqueles que decidiram não comprar sopram a fumaça para baixo.

O primeiro estudo que realizamos sobre o assunto, em 1978, mostrou que, nas negociações, os fumantes demoram significativamente mais tempo para tomar decisões do que os não fumantes, e o ritual do cigarro é executado quase sempre nos momentos mais tensos. Ao que parece, os fumantes são capazes de protelar a tomada de decisões desviando sua atenção para o cigarro. Portanto, se você pretende obter decisões mais rápidas de fumantes, negocie numa sala onde haja um grande aviso "Proibido fumar".

Fumantes de charutos

Devido ao seu preço e tamanho, os charutos sempre foram usados como uma forma de exibir superioridade. Executivos de sucesso, chefes de gangue e pessoas que ocupam cargos de alto nível costumam ser retratados fumando charutos. Charutos são usados para comemorar vitórias ou realizações como o nascimento de um filho, o casamento, o fechamento de um negócio, a sorte grande na loteria. Não surpreende que a maior parte da fumaça produzida por fumantes de charutos seja exalada para o alto. Num jantar comemorativo em que se distribuíram charutos de graça, observamos que, de 400 baforadas de charuto registradas, 320 foram sopradas para cima.

Como os fumantes encerram uma sessão

A maioria dos fumantes fuma seu cigarro até uma certa altura antes de apagá-lo num cinzeiro. As mulheres tendem a apagar o cigarro com leveza, enquanto os homens costumam esmagá-lo com o polegar. O fumante que apaga o cigarro de repente, antes do que faria normalmente, está sinalizando sua decisão de concluir a conversa. Observar este aviso permite que você assuma o controle ou termine expressamente a conversa, dando a impressão de que a decisão de dar o assunto por encerrado foi sua.

Como interpretar os óculos

Quase todo objeto de uso pessoal permite ao seu portador executar um conjunto de gestos reveladores, o que é certamente o caso dos óculos. Um dos gestos mais comuns é levar o braço da armação à boca.

Usando os óculos para ganhar tempo

Se você usa óculos, saiba que os outros o percebem como uma pessoa estudiosa e inteligente, principalmente nos momentos iniciais de uma reunião. Os participantes de uma pesquisa atribuíram a pessoas fotografadas de óculos 14 pontos de QI a mais do que quando fotografadas sem eles. Mas como esse efeito dura menos de cinco minutos, o mais prudente é você só usá-los em entrevistas curtas.

Esse "ar inteligente" é eliminado, no entanto, quando a pessoa usa óculos com lentes grandes demais, óculos de grife com inscrições ou armações coloridas. Óculos de número maior que o rosto podem fazer pessoas jovens parecerem mais velhas, sérias e estudiosas.

Armações opacas podem lhe dar uma aparência mais sincera e inteligente; armações exageradas, não.

Em nosso estudo com fotografias de rostos, ao acrescentarmos óculos a um rosto num contexto profissional, os pesquisados descreviam a pessoa como estudiosa, inteligente, conservadora, educada e sincera. Quanto mais pesada a armação, mais frequentes eram esses qualificativos, fazendo pouca diferença se o rosto era de homem ou de mulher. A razão disso talvez seja o fato de os dirigentes de empresas usarem óculos com armações mais pesadas. No mundo dos negócios, portanto, os óculos são uma indicação de poder. Óculos sem armação ou com armações pequenas e leves transmitem uma imagem mais fraca e menos interessada nos negócios. O inverso é verdadeiro em contextos sociais, mas nesse caso você está se vendendo como amigo ou parceiro afetivo. Aconselhamos pessoas situadas em posições de poder a usar armações mais pesadas ao tratar de questões sérias, como a aprovação de um orçamento, e para os que querem transmitir uma imagem de "cara legal" ou "um sujeito como os outros", óculos sem armação.

Táticas de protelação

Tal como ocorre com o cigarro, o gesto de levar a armação dos óculos à boca pode ser um recurso para protelar uma decisão. Já foi observado que, nas negociações, esse gesto aparece quase sempre nos momentos conclusivos, quando as pessoas são chamadas a tomar decisões. Tirar os óculos e limpar as lentes repetidamente é outro método usado para ganhar tempo na tomada de decisões. Quando feito imediatamente após a solicitação de uma decisão, a melhor tática para o solicitante é o silêncio.

Os gestos seguintes ao ato de levar à boca o braço da armação sinalizam a intenção da pessoa, dando ao negociador atento a oportunidade de reagir de acordo. Por exemplo: recolocar os óculos geralmente significa que a pessoa quer "ver" os fatos novamente; dobrá-los e afastá-los sinaliza a intenção de encerrar a conversa; jogá-los sobre a mesa simboliza a rejeição da proposta.

Examinando por cima dos óculos

A pessoa que usa óculos de leitura muitas vezes acha mais conveniente olhar por cima deles, em vez de tirá-los, para se dirigir ao seu interlocutor. Mas quem quer que esteja do outro lado se sente como se estivesse sendo julgado ou examinado. O ato de olhar por cima dos óculos é um erro potencialmente custoso, porque pode levar o interlocutor a responder com posturas negativas como braços cruzados, pernas cruzadas ou uma atitude desafiadora. Se você usa óculos, tire-os quando estiver falando e coloque-os de volta para ouvir. Isto não apenas descontrai a outra pessoa como permite a você manter o controle

Examinar por cima dos óculos intimida qualquer um

da conversa. O ouvinte fica rapidamente condicionado a lhe dar a palavra toda vez que você tira os óculos, e tomá-la quando os coloca de volta.

O poder dos óculos e da maquiagem

Definitivamente, a maquiagem acrescenta credibilidade à imagem, principalmente no caso das mulheres de negócios. Para demonstrá-lo, realizamos uma experiência simples. Contratamos quatro assistentes do sexo feminino, de aparência similar, para promover nossos produtos de treinamento num seminário. Cada assistente recebeu um uniforme e uma mesa. A primeira se apresentou com óculos e maquiagem, a segunda com óculos, mas sem maquiagem, a terceira com maquiagem e sem óculos e a quarta sem nenhum dos dois. Os clientes se aproximavam das mesas e conversavam com as assistentes sobre os programas oferecidos. Os diálogos duravam de quatro a seis minutos. Ao deixarem as mesas, os clientes eram solicitados a recordar aspectos da personalidade e aparência de cada uma das assistentes e escolher, dentre uma lista de adjetivos, aquele que melhor as descrevia. A assistente com óculos e maquiagem foi descrita como confiante, inteligente, sofisticada e extremamente sociável. Algumas clientes do sexo feminino a viram como confiante, porém fria, arrogante e/ou presunçosa – indicação de que podem tê-la visto como concorrente, já que nenhum homem a definiu dessa forma. A assistente com maquiagem, mas sem óculos, recebeu boas avaliações nos quesitos aparência e apresentação pessoal, e avaliações mais baixas em aptidões pessoais, como capacidade de ouvir e criar vínculo.

Definitivamente, a maquiagem promove a imagem de autoconfiança da mulher.

As assistentes que não usavam maquiagem foram as que obtiveram pior classificação em apresentação e aptidões pessoais, e, neste caso, o uso dos óculos não exerceu quase nenhum efeito sobre a atitude e a memória dos clientes. A maioria dos clientes do sexo feminino notou que a assistente não usava maquiagem, ao passo que a maioria dos homens não conseguiu lembrar se ela usava maquiagem ou não. O interessante é que os clientes recordaram que as duas mulheres maquiadas usavam saias mais curtas do que as mulheres não maquiadas, demonstrando que o uso da maquiagem contribui para criar uma imagem mais sensual da mulher. A conclusão aqui é clara – a maquiagem dá à mulher uma imagem mais inteligente, confiante e sensual, e a combinação de maquiagem e óculos exerce, no contexto profissional, um efeito altamente positivo e memorável sobre os observadores. Usar óculos não corretivos pode ser, portanto, uma excelente estratégia em encontros de negócios.

O magnetismo dos lábios

Em um de nossos programas de televisão, solicitamos a oito mulheres que se apresentassem para uma série de entrevistas com entrevistadores de ambos os sexos. Metade das entrevistadas usou batom, metade não. As reações dos entrevistadores foram bastante claras – as mulheres que expuseram totalmente os lábios usando batom vermelho foram vistas como mais interessadas em si mesmas e na atenção dos homens, e as que expuseram menos os lábios com batons de cor neutra ou pastel foram vistas como mais orientadas para o trabalho e a carreira. As mulheres sem nenhum batom foram avaliadas como mais concentradas no trabalho do que os homens, porém com menos aptidões pessoais. Quase todas as entrevistadoras notaram se as candidatas usavam batom ou não, ao passo que somente metade dos entrevistadores notou as que não usavam. A pesquisa concluiu que a mulher deve exibir os lábios com batom vermelho nos encontros pessoais e usar tons mais neutros e suaves, que exponham menos os lábios, em reuniões de trabalho. Em ramos de negócios ligados à promoção da imagem feminina, porém, como vestuário, cosméticos e produtos para o cabelo, lábios brilhantes são considerados positivos porque promovem o magnetismo da mulher.

Mensagens da pasta

O tamanho da pasta influencia na percepção do status do seu possuidor. Quem carrega pastas grandes e gordas é tido como pessoa que trabalha sem parar e provavelmente leva trabalho para casa porque não sabe administrar seu tempo. Pasta magra é sinal de que seu possuidor se preocupa com o essencial e tem, portanto, mais status. Leve sempre a pasta ao lado do corpo, de preferência pela mão esquerda, o que lhe permite usar a direita nos cumprimentos sem se atrapalhar. Se você é mulher, nunca ande com pasta e bolsa ao mesmo tempo, para evitar ser percebida como desorganizada e pouco profissional. E nunca use a pasta como barreira entre você e as outras pessoas.

Resumindo

Independentemente do que estejamos vestindo, fumando ou portando, é comum fazermos certos sinais e rituais sem que percebamos. Quanto mais os fazemos, mais sinalizamos nossas intenções e emoções. Aprender a interpretá-los nos ajuda, por outro lado, a observar novos grupos de sinais de linguagem corporal.

Capítulo 12

O corpo aponta para onde a mente quer ir

Muitas vezes o corpo vai para um lado e a mente para o outro

Já lhe aconteceu de estar conversando com uma pessoa que apesar de parecer estar gostando da sua companhia dava a impressão de que preferia estar em outro lugar? É provável que uma fotografia dessa cena mostrasse duas coisas: primeiro, a pessoa teria a cabeça virada na sua direção e faria sinais faciais claros como sorrisos e movimentos de assentimento com a cabeça; segundo, a pessoa teria os pés apontados em outra direção, que poderia ser a de uma terceira pessoa ou a da porta da sala. A direção em que uma pessoa aponta o corpo ou os pés indica o lugar para onde ela gostaria de estar indo.

O homem da direita indica que quer sair

A figura anterior mostra dois homens conversando na porta de uma sala. O da esquerda tenta manter a atenção do outro, que parece querer seguir a direção em que seu corpo está apontando, apesar de ter a cabeça virada para o primeiro. Somente se o homem da direita virar seu corpo na direção do da esquerda é que uma conversa mutuamente interessante pode acontecer.

Em todo encontro a dois, a pessoa que quer encerrar a conversa ou se retirar vira o corpo ou os pés na direção da saída mais próxima. Se a conversa lhe interessa, você deve fazer algo para que ou o seu interlocutor se envolva no assunto ou você encerre a conversa, mantendo-se no controle da situação.

O que dizem os ângulos do corpo

1. Posições abertas

Dissemos anteriormente que a distância física entre as pessoas tem relação com seu grau de intimidade ou interesse mútuo. Os ângulos que elas formam com o corpo também constituem pistas não verbais de suas atitudes e relacionamentos.

A maioria dos animais indica sua intenção de lutar aproximando-se do outro com a cabeça à frente. Se o outro animal aceita o desafio, retribui colocando a cabeça também à frente. O mesmo se aplica aos humanos. Quando, porém, quer examinar o outro de perto, mas não o atacar, o animal se aproxima de lado, como fazem os cães mansos. Assim também os humanos. O indivíduo que se dirige ao seu interlocutor de pé, ereto, com uma atitude firme e olhando-o diretamente nos olhos é percebido como agressivo. Se, no entanto, ele comunicar essa mesma mensagem com o corpo apontado em outra direção, será visto como confiante e objetivo.

Para não serem considerados agressivos, os interlocutores devem se aproximar lateralmente, com o corpo virado a 45 graus, de maneira a formarem entre suas direções um ângulo de 90 graus.

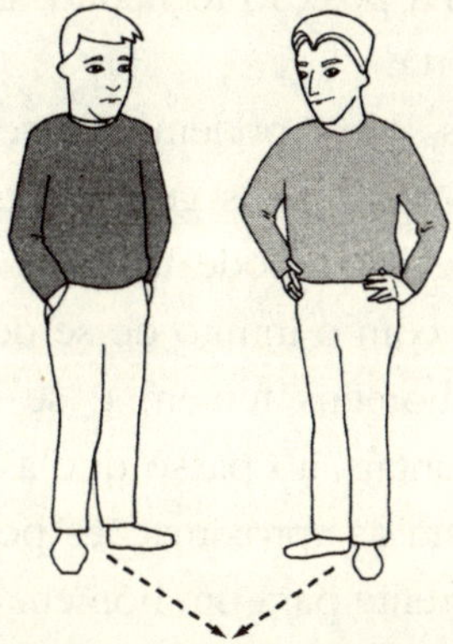

Para não parecer agressivo, cada interlocutor posiciona o seu corpo a 45 graus em relação ao outro

Dessa forma, as duas pessoas postam-se com os corpos virados na direção de um terceiro ponto imaginário, formando um triângulo isósceles. O ângulo formado sinaliza a provável ocorrência de um diálogo não agressivo; o espelhamento indica a similaridade de status. O triângulo formado convida uma terceira pessoa a se juntar à conversa. Se uma quarta pessoa for aceita, forma-se um quadrado; no caso de uma quinta e sexta pessoas, forma-se um círculo ou dois novos triângulos.

Em espaços confinados onde não é possível nos defrontarmos com estranhos com o corpo virado a 45 graus, como é o caso de elevadores, ônibus lotados e metrôs, formamos esse ângulo com a cabeça.

2. Posições fechadas

Quando duas pessoas buscam intimidade, o ângulo formado por seus corpos passa de 45 para 0 grau, isto é, elas se posicionam frente a frente. No jogo da sedução, homens e mulheres usam esta posição, além de outros gestos de flerte, para monopolizar a atenção do parceiro pretendido. O homem não somente posiciona o corpo apontado para a mulher como também diminui a distância e invade sua zona íntima. Para aceitar essa aproximação, tudo o que ela precisa fazer é também adotar um ângulo corporal de 0 grau e permitir que ele se mantenha em seu espaço. A distância entre duas pessoas na posição fechada é geralmente menor do que na formação aberta.

Estando ambos interessados, eles podem acrescentar aos galanteios o espelhamento dos respectivos gestos e o aumento do contato visual. A posição fechada pode também ser usada por pessoas mutuamente hostis com o intuito de se desafiarem.

Pesquisas mostram que os homens temem e se acautelam mais contra as aproximações frontais, ao passo que as mulheres temem e se previnem mais contra as aproximações pelas costas. Portanto, nunca se coloque de frente para um homem que acaba de conhecer, pois ele entenderá tal atitude como agressão, se tomada por um homem, e como interesse sexual, se por uma mulher. Se você é homem, aproxime-se frontalmente de uma mulher e posicione-se em seguida a um ângulo de 45 graus.

Como excluir outras pessoas

Uma terceira pessoa que queira se juntar a duas outras que mantêm uma posição fechada só será aceita quando estas se posicionarem de maneira a formar um triângulo. Se a terceira pessoa não for bem-vinda, as duas primeiras sustentarão a posição fechada apenas virando a cabeça em sinal de que a reconheceram, provavelmente com sorrisos de lábios cerrados.

A posição triangular aberta incentiva o ingresso de uma terceira pessoa

Uma conversa entre três pessoas pode começar na posição de triângulo aberto e duas delas acabarem assumindo a posição fechada para excluir a terceira. Esta formação é uma clara mensagem de que esta deve se afastar do grupo.

A posição sentada com o corpo apontado

Cruzar as pernas na direção de alguém sinaliza interesse ou aceitação. Quando o outro também se interessa, em geral retribui o gesto. À medida que se envolvem, os dois começam a espelhar os respectivos movimentos e gestos.

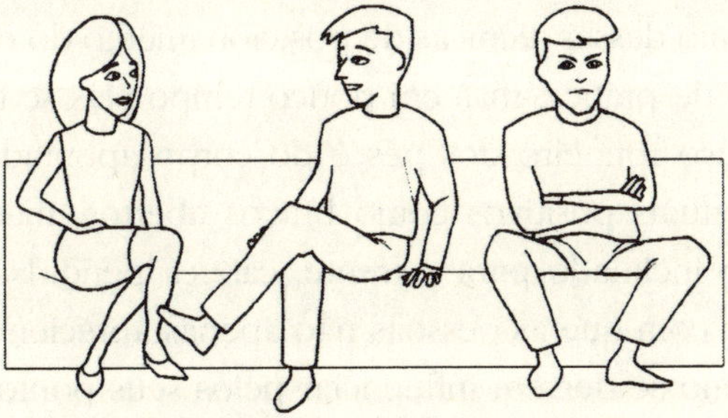

O casal assume a posição sentada com o corpo apontado para se fechar e excluir o homem da direita

Os pés apontados

Além de indicar a direção para a qual a mente da pessoa está voltada, os pés também apontam para as pessoas que achamos muito interessantes ou atraentes. Imagine um grupo de três homens e uma mulher num evento social. Os homens parecem dominar a conversa, enquanto a mulher apenas escuta. Você vai perceber que todos eles têm os pés apontados para a mulher.

Com esse simples sinal não verbal, os homens estão dizendo à mulher que se interessam por ela. Ela percebe, no plano do subconsciente, que eles têm os pés apontados em sua direção e por isso deverá permanecer com o grupo enquanto estiver recebendo tal atenção. Ela mantém os pés juntos (atitude neutra) e, num dado momento, pode apontar um deles na direção do homem que acha mais interessante.

Resumindo

Raras são as pessoas que consideram o corpo e os pés apontados como indicativos das atitudes e reações dos outros. Se você quer deixar seus interlocutores à vontade, faça a "posição aberta a 45 graus"; e quando precisar exercer pressão, use o corpo diretamente apontado. A posição a 45 graus permite que o outro pense e aja independentemente, sem se sentir pressionado. Nunca se aproxime de um homem frontalmente nem de uma mulher por trás.

O domínio dessas técnicas de posicionamento do corpo requer um pouco de prática, mas em pouco tempo elas se tornarão naturais. O uso rotineiro dos pés e do corpo apontados, além de grupos gestuais positivos como braços abertos, mãos espalmadas, corpo inclinado para a frente, cabeça pendida e similares, pode fazer com que as pessoas não apenas apreciem a sua companhia como se deixem influenciar pelos seus pontos de vista.

Capítulo 13

Rituais de atração e sedução

O Dr. Albert Scheflen, autor de *Body Language and the Social Order* (Linguagem corporal e ordem social), descobriu que quando duas pessoas de sexos opostos se aproximam, certas alterações fisiológicas ocorrem: o tônus muscular aumenta visando a um possível contato sexual, o "empapuçamento" do rosto e dos olhos diminui, o encurvamento do corpo desaparece, o peito se projeta, o estômago se encolhe automaticamente, a barriga é colocada para dentro, o corpo assume uma postura ereta e a pessoa parece adquirir uma aparência mais jovem. Para demonstrar saúde e vitalidade, e também para transmitir sua adequação como parceiro, homens e mulheres assumem um caminhar mais enérgico e elástico. O homem fica mais alto, projeta a mandíbula e expande o peito para ganhar um aspecto dominante. Quando interessada, a mulher reage com gestos de submissão como destacar os seios, inclinar a cabeça, tocar o cabelo e expor os pulsos.

O lugar ideal para se observarem essas alterações é a praia, onde homens e mulheres se aproximam gradativamente a partir de uma certa distância. As alterações corporais acontecem quando a distância diminui a ponto de permitir o contato visual e permanecerão até eles terem passado um pelo outro, quando então retomarão as posturas originais.

A linguagem do corpo é um componente fundamental da corte porque revela se somos atraentes e sensuais e até que ponto estamos disponíveis, preparados, entusiasmados ou desesperados. Enquanto alguns sinais de sedução são estudados e deliberados, outros, como os que acabamos de mencionar, são totalmente inconscientes. Ainda não está claro como aprendemos esses sinais, mas as pesquisas mais recentes mostram que muitos deles podem ser inatos.

O caso de Graham

Graham desenvolveu uma aptidão que a maioria dos homens gostaria de ter.

Em qualquer evento social a que comparecesse, era capaz de "identificar" rapidamente as mulheres disponíveis, fazer sua escolha e, em tempo recorde, levá-la pelo caminho da saída até o carro e daí para o seu apartamento. Depois retornava ao evento e, se lhe agradava, repetia o processo várias vezes na mesma noite. Parecia ter um radar interno para descobrir as mulheres disponíveis e convencê-las a ir com ele. Ninguém sabia como conseguia tal proeza.

No entanto, a técnica de Graham era bastante simples. Consistia em identificar as mulheres cuja linguagem corporal indicasse disponibilidade e em seguida responder com seus próprios gestos masculinos de sedução. Aquelas que se interessavam retribuíam com sinais femininos apropriados, dando-lhe o sinal verde não verbal para passar à próxima fase.

O sucesso que a mulher costuma ter nos contatos íntimos está diretamente relacionado à sua capacidade de enviar sinais de sedução aos homens e decodificar os que lhes são enviados de volta. No caso do homem, o sucesso no jogo da sedução resulta principalmente da sua capacidade de ler os sinais que lhe são enviados, e não em tomar a iniciativa. Enquanto a maioria das mulheres está atenta, os homens são muito menos receptivos aos sinais de sedução, às vezes até completamente cegos, razão pela qual muitos têm dificuldade de encontrar potenciais parceiras. A dificuldade que certas mulheres têm de encontrar parceiros não está relacionada à leitura de sinais, e sim aos requisitos que os homens que elas encontram precisam satisfazer.

Graham sabia exatamente o que procurar, e as mulheres o descreviam como sexy, viril e bem-humorado. "Um cara que me faz sentir feminina", era como reagiam aos seus sinais de sedução e à atenção constante que recebiam. Os homens, por sua vez, descreviam-no como "agressivo", "falso", "arrogante" e "nem um pouco engraçado"; era a maneira deles de reagir à concorrência que o sedutor representava. Por motivos óbvios, Graham tinha, consequentemente, poucos amigos homens – homem algum gosta de concorrentes às atenções da própria mulher. Este capítulo é dedicado aos sinais femininos que Graham conseguia captar e à linguagem corporal com que lhes respondia.

Por que as mulheres sempre dão as cartas

Pergunte a qualquer homem quem costuma fazer o primeiro movimento no ritual da corte e ele lhe dirá, infalivelmente, que são os homens. Todos os estudos sobre a corte dizem, porém, que em 90% dos casos são as mulheres que tomam a iniciativa. A mulher envia uma série de sinais visuais, corporais e faciais ao homem-alvo, que, se for perceptivo o bastante para captá-los, responde a eles. Alguns homens se aproximam de mulheres em clubes ou bares sem ter recebido o sinal verde. Embora possam ser bem-sucedidos na busca de parceiras, seu índice de sucesso é relativamente baixo por não esperarem ser convidados – eles apenas jogam com as estatísticas.

Na corte são as mulheres que tocam a música – os homens apenas dançam.

Nesses casos, quando o homem percebe que a tática será malsucedida, quase sempre ele finge que foi falar com a mulher sobre algum outro assunto. Para ser bem-sucedido no jogo da sedução, o homem precisa abordar muitas mulheres para acertar uma única vez – a menos, é claro, que se pareça com Brad Pitt. Todo homem que atravessa o salão para dar em cima de uma mulher geralmente o faz a convite dela, depois de captar seus sinais de linguagem corporal. Ele apenas *parece* ter tomado a iniciativa por ter cruzado o salão. As mulheres tomam a iniciativa do flerte em mais de 90% dos casos, mas o fazem tão sutilmente que a maioria dos homens pensa que a iniciativa foi deles.

Diferenças entre homens e mulheres

Os homens acham difícil interpretar os sinais mais sutis da linguagem corporal feminina. As pesquisas mostram que eles tendem a confundir cordialidade e sorrisos com interesse sexual. Isto ocorre porque, muito mais do que as mulheres, os homens veem o mundo em termos de sexo devido à sua taxa de testosterona 10 a 20 vezes maior.

Para alguns homens, quando uma dama diz "não", ela quis dizer "talvez"; quando diz "talvez", ela quis dizer "sim"; e se ela diz "sim", é porque não é uma dama.

Ao encontrar um possível parceiro, a mulher envia sinais de sedução sutis para ver se aquele homem vale a pena. As mulheres tendem a bombardear os homens com rituais de corte nos primeiros minutos depois de encontrá-lo, o que às vezes os leva a interpretações equivocadas e a dar passos em falso. Com sinais ambíguos nos estágios iniciais, as mulheres manipulam os homens para fazê-los mostrar suas cartas. Esta é uma das razões de muitas mulheres terem dificuldade de atrair os homens – eles ficam confusos e não fazem a aproximação.

O processo de atração

Como em qualquer espécie, a corte humana segue uma sequência previsível de estágios. Todos passamos pelos cinco estágios descritos a seguir ao encontrarmos uma pessoa atraente.

Estágio 1. Troca de olhares: Do outro lado da sala, ela localiza um homem que lhe agrada. Espera até que ele a perceba, sustenta o olhar durante cinco segundos e o desvia. Agora é ele que fica olhando para ver se ela olha novamente. A mulher precisa dar esse olhar umas três vezes, em média, para o homem médio compreender o que está acontecendo. Essas trocas de olhares, que podem se repetir várias vezes, são o começo do flerte.

Estágio 2. Sorriso: Ela dá um ou mais sorrisos fugazes, na verdade meios sorrisos destinados a dar ao homem o sinal verde para a abordagem. Infelizmente, muitos homens não são sensíveis a esses sinais, o que leva a mulher a achar que eles não estão interessados.

Estágio 3. Postura: Ela se senta ereta para destacar os seios e cruza as pernas ou tornozelos para valorizá-los ou, se estiver em pé, requebra os quadris e inclina a cabeça na direção de um dos ombros para expor o pescoço nu. Mexe no cabelo durante uns seis segundos – sugerindo estar se arrumando para o seu homem. Passa a língua nos lábios, mexe no cabelo e ajeita a roupa e os adereços. Ele responde ficando em pé, ereto, com o estômago para dentro e o peito para fora, ajeita a roupa, passa a mão no cabelo e enfia os polegares no cinto. Ambos têm os pés, ou o corpo inteiro, apontados para o outro.

Estágio 4. Fala: Ele se aproxima e diz qualquer coisa como "Nós já não nos vimos antes?" e outras frases manjadas, exclusivamente destinadas a quebrar o gelo.

Estágio 5. Toque: Ela procura uma oportunidade para dar um leve toque no braço dele, "acidental" ou não. O toque na mão indica um nível de intimidade maior do que o toque no braço. O toque se repete para confirmar que a pessoa está satisfeita com aquele grau de intimidade e deixar o outro saber que o primeiro toque não foi acidental. Tocar ou escovar levemente com a mão o ombro de um homem é um gesto com que a mulher dá a impressão de se preocupar com a saúde e aparência dele.

Esses cinco primeiros estágios do jogo de sedução podem dar a impressão de secundários e até irrelevantes, mas são decisivos para o início de qualquer relacionamento. São os estágios que a maioria das pessoas, em especial os homens, considera os mais difíceis. Neste capítulo examinaremos os sinais mais usados nesses estágios, por homens e mulheres – e Graham, naturalmente.

Os 12 gestos e sinais de sedução femininos mais comuns

As mulheres são sexualmente mais ativas na metade do ciclo menstrual, quando é maior a probabilidade de concepção. Nesse período elas ficam mais propensas a usar roupas curtas e saltos altos, a andar, falar, dançar e agir de maneira provocante e a usar os sinais que veremos em seguida – uma lista de 12 dos gestos e sinais mais usados por mulheres de todo o mundo para mostrar ao homem que talvez estejam disponíveis.

1. Jogar a cabeça para trás e sacudir o cabelo

Este é geralmente o primeiro gesto que a mulher faz quando está perto do homem que a interessa. A cabeça é jogada para trás, fazendo os cabelos caírem sobre os ombros ou se afastarem do rosto. Mulheres que usam cabelo curto fazem o mesmo gesto.

2. Lábios úmidos, beicinho e boca levemente aberta

A estrutura óssea do rosto dos meninos se altera radicalmente na puberdade. A testosterona torna o queixo mais forte e saliente, o nariz mais largo e a testa mais pronunciada. A estrutura óssea da mulher, no entanto, permanece essencialmente inalterada e infantil, com mais gordura subcutânea, o que faz com que o rosto e em especial os lábios da adolescente pareçam mais cheios e carnudos. Os lábios maiores e mais carnudos da mulher, em contraste com os masculinos, se tornam, por conseguinte, um potente signo de feminilidade.

Os lábios faciais têm espessura proporcional à dos lábios vaginais externos. Desmond Morris chama este fenômeno de "mimetização", dado que se destina a simbolizar a genitália feminina. Para criar o efeito de convite sexual, a mulher dá aos lábios a aparência de molhados com o uso de cosméticos ou da própria saliva.

Quando a mulher está sexualmente excitada, seus lábios, seios e genitais se enchem de sangue, tornando-se maiores e mais vermelhos. O batom, uma invenção egípcia de 4.000 anos, destina-se a mimetizar facialmente os órgãos genitais avermelhados da mulher sexualmente excitada. Isso explica por que, em experiências com fotografias de mulheres usando várias cores de batom, os homens consistentemente acham o vermelho-vivo o mais atraente e sensual de todos.

Símbolos sexuais femininos, como Marilyn Monroe, sabem instintivamente como exibir a boca e os lábios para chamar a atenção.

---

3. Tocar-se

Como dito anteriormente, nossa mente faz o corpo agir por meio de desejos secretos – e assim é com o gesto de *tocar-se*. A mulher tem uma quantidade muito maior de terminações nervosas sensíveis ao toque do que o homem, o que a torna mais propensa a experiências táteis. Ao alisar lenta e sensualmente coxa, pescoço ou garganta, a mulher indica que, se o homem jogar as cartas certas, poderá tocá-la dessa mesma forma. Ao mesmo tempo, o ato de tocar-se faz a mulher imaginar como seria se quem a estivesse tocando fosse o homem.

4. Quebrar o pulso

Quebrar o pulso é um sinal de submissão usado exclusivamente por mulheres e gays, que, para estes, denominamos "desmunhecar". Quebrar o pulso é um recurso poderoso para chamar a atenção – um gesto muito apreciado pelos homens porque os faz sentir a possibilidade de dominar. Em contextos profissionais, porém, quebrar o pulso pode prejudicar seriamente a credibilidade da mulher: as pessoas deixam de levá-la a sério, mesmo que alguns homens a convidem para sair.

5. Acariciar objetos cilíndricos

Acariciar o cigarro, o dedo, a haste de uma taça de vinho, a caneta ou qualquer objeto de aspecto fálico é uma indicação inconsciente do que vai na mente do indivíduo. Tirar e recolocar o anel no dedo pode ser também uma representação mental do ato sexual. Quando a mulher faz esses gestos, o homem tende a querer possuí-la simbolicamente acariciando-lhe o isqueiro, as chaves do carro ou qualquer outro objeto pessoal que ela tenha por perto.

6. Expor o pulso

A mulher interessada expõe gradualmente ao potencial parceiro a pele lisa e macia da parte inferior do pulso e aumenta o tempo de exposição à medida que seu interesse aumenta. Há muito que a parte de trás dos pulsos é considerada uma das zonas mais erógenas do corpo da mulher, devido à sua pele extremamente delicada.

Não se sabe se esse é um comportamento adquirido ou inato, mas tem-se como certo que ele opera de maneira inconsciente. Em geral, a mulher exibe também as palmas das mãos ao homem enquanto fala. As fumantes acham fácil expor o pulso/palma da mão enquanto fumam, simplesmente mantendo a palma da mão ao lado do ombro. Expor o pulso e jogar a cabeça para trás são gestos rotineiramente mimetizados por homossexuais masculinos que pretendem assumir uma aparência feminina.

7. Requebrar as cadeiras

A procriação é a razão de a mulher ter quadris mais largos e mais espaço entre as pernas do que o homem. Disto resulta que a mulher, ao andar, faz um requebro acentuado que destaca a região pélvica. Os homens não conseguem andar assim, razão pela qual esse é um poderoso símbolo de diferença sexual. Ele explica também por que poucas mulheres são boas corredoras: o quadril mais largo faz suas pernas se abrirem para o lado quando elas correm. Requebrar as cadeiras é um gesto de sedução feminina usado há séculos em anúncios de produtos e serviços. As mulheres que os veem desejam ser como as modelos, o que aumenta o interesse pelos produtos anunciados.

8. Inclinar a pelve

Evidências médicas mostram que a mulher mais saudável e capaz de gerar filhos possui uma proporção cintura/quadril de 70%, isto é, sua cintura mede o equivalente a 70% do quadril, o que lhe dá a silhueta conhecida como "ampulheta". Esta é a proporção corporal que ao longo da história vem provando ser a mais capaz de despertar a atenção dos homens, que começam a perder o interesse pela mulher quando ela ultrapassa os 80%. Quanto maior ou menor esta proporção, menos atenção a mulher desperta na maioria dos homens; quando ela atinge 100%, eles perdem totalmente o interesse. Embora ainda mantenham um certo grau de interesse pela mulher quando ela cai a menos de 70%, esta continua sendo a proporção perfeita para o sucesso reprodutivo. A maneira de a mulher destacar essa proporção é simples – basta inclinar a pelve quando fica em pé.

Inclinar a pelve quando fica em pé destaca a capacidade de a mulher procriar com sucesso.

O professor Devendra Singh, psicólogo evolucionário da Universidade do Texas, descobriu, ao estudar a atratividade física de concorrentes ao título de Miss América e modelos da *Playboy* ao longo dos últimos 50 anos, que a razão cintura/quadril que exerce o maior apelo sobre os homens varia de 67 a 80%.

O professor Singh realizou um teste com fotos de mulheres magras, gordas e de peso mediano, mostrando-as a grupos de homens solicitados a classificá-las em termos de atratividade. As mulheres de peso mediano com razão cintura/quadril por volta de 70% se revelaram as mais atraentes. Nos grupos das gordas e das magras, as mulheres de cintura mais fina foram as preferidas. O resultado mais notável dessa experiência foi que os homens atribuíram melhor classificação às mulheres que possuíam proporção cintura/quadril de 70% mesmo quando elas eram bastante gordas. Isto significa que a mulher, ainda que seja gorda, pode virar a cabeça dos homens se mantiver essa proporção.

9. Bolsa muito próxima

A maioria dos homens nunca viu o conteúdo da bolsa de uma mulher. Alguns estudos mostram que a maioria tem medo até de tocar na bolsa da mulher, quanto mais de abri-la. A bolsa de uma mulher é um item pessoal que ela trata como uma extensão de seu corpo. Por isso, colocar a bolsa perto de um homem é um forte sinal de intimidade. Quando a mulher acha o homem particularmente atraente, pode alisar ou acariciar lentamente a bolsa ou pedir a ele para passá-la e até para pegar alguma coisa dentro dela.

Colocar a bolsa perto de um homem para que ele a veja e toque é um forte sinal de que a mulher está interessada; colocá-la longe dele indica distância afetiva.

10. Apontar o joelho

Uma das pernas fica cruzada embaixo da outra e o joelho da perna que estiver por baixo aponta para a pessoa que a mulher considera mais interessante. Esta é uma posição descontraída e dá a ela a oportunidade de exibir rapidamente as coxas.

11. Acariciar o sapato

O sapato pendurado na ponta do pé também indica descontração e tem o efeito fálico de mover o pé para dentro e para fora do sapato. Tal ação desestabiliza muitos homens sem que eles se deem conta do que está acontecendo.

12. Pernas cruzadas

A maioria dos homens concorda que se sentar com as pernas paralelas colocadas de lado é uma das posições femininas mais atraentes. É um gesto que as mulheres fazem conscientemente a fim de atrair a atenção para as suas pernas. Segundo Albert Scheflen, uma das pernas é pressionada firmemente contra a outra para dar a impressão de tônus muscular elevado, que é uma condição que o corpo assume quando a pessoa está pronta para o ato sexual.

Sem consultar o que você já leu, diga quantos sinais e gestos de sedução você vê nesta cena

Outros sinais com as pernas usados pelas mulheres são cruzá-las e descruzá-las lentamente na frente do homem e alisar delicadamente as coxas com a mão, indicando o desejo de ser tocada.

O que os homens olham no corpo das mulheres

Em *Por que os homens mentem e as mulheres choram?*, apresentamos um resumo das pesquisas sobre as partes do corpo mais procuradas pelo olhar de homens e mulheres. A conclusão é bastante clara – o cérebro masculino está programado para sentir atração por mulheres que lhe parecem mais saudáveis em termos de capacidade reprodutiva e disponibilidade sexual. Em relação à forma corporal, homens e mulheres preferem parceiros de constituição física atlética. Para o homem, esta é uma indicação de que a mulher tem saúde e capacidade suficientes para reproduzir seus genes com sucesso.

As evidências mostram que os homens sentem mais atração por mulheres de rosto infantil – olhos grandes, nariz pequeno, lábios e bochechas carnudos –, sinais que evocam sentimentos paternais e protetores na maioria deles. É por isso que a maior parte da publicidade em torno da cirurgia plástica dá ênfase a esses aspectos. As mulheres, por sua vez, preferem homens de rosto adulto, que expressem capacidade de defendê-las – queixo forte, nariz pronunciado e sobrancelhas largas.

Mulheres de rosto infantil provocam nos homens a liberação de hormônios que os leva a querer protegê-las.

A boa notícia é que a mulher não precisa ser naturalmente bonita para atrair os homens. É verdade que a beleza lhe dá uma vantagem inicial sobre as concorrentes, mas ela precisa mais que tudo ser capaz de exibir sinais de que *pode* estar disponível. É por isso que certas mulheres não especialmente atraentes do ponto de vista físico parecem ter sempre pencas de pretendentes. No fim das contas, o homem se sente atraído menos pelos atributos físicos da mulher do que por seus sinais de disponibilidade, que podem ser aprendidos e exercitados.

Mas quase todos os estudos sobre a atração realizados nos últimos 60 anos chegaram às mesmas conclusões que os pintores, poetas e escritores dos últimos 60 séculos – a aparência e o corpo da mulher, assim como o modo como ela os utiliza, são mais atraentes aos homens do que sua inteligência ou posses, mesmo no nosso século XXI politicamente correto. O que o homem do século XXI busca de imediato na mulher são as mesmas coisas que seus ancestrais buscavam, embora, como explicamos em *Por que os homens mentem e as mulheres choram?*, ele tenha outros critérios no que diz respeito à escolha de uma parceira de longo prazo.

A realidade é que a mulher precisa primeiro atrair um homem para depois ele poder descobrir as suas virtudes interiores.

O que atrai de verdade

A maioria das pessoas é tentada a acreditar que a aparência física é a chave para se atrair um potencial parceiro, mas esta é sobretudo apenas uma ideia difundida pela televisão, pelos filmes e meios de comunicação em geral. Pessoas extremamente atraentes são raras, e por isso é um erro elevá-las à condição de padrão ao qual todos devemos aspirar. Em geral, damos preferência a encontrar parceiros que sejam tão atraentes quanto nós – nem muito mais nem muito menos –, porque estes são mais propensos a ficar conosco do que a procurar uma oferta melhor. Essa preferência parece ser inata, pois já se observou que os bebês costumam dar preferência a olhar para rostos comuns do que para rostos muito bonitos.

Uma pesquisa norte-americana revelou que as três palavras que as mulheres mais gostariam de escutar de seus parceiros não são "Eu te amo", e sim "Você está magrinha...".

Ele gosta mais de bunda, peitos ou pernas?

No que diz respeito à sua parte favorita do corpo feminino, os homens do mundo inteiro se dividem em três grupos mais ou menos equivalentes – bunda, peitos e pernas.

Nesta seção, analisaremos apenas as características físicas do corpo feminino e as razões pelas quais tal ou qual parte exerce tais e quais efeitos sobre os sentidos do homem. O corpo da mulher evoluiu como um sistema permanente e ambulante de sinalização sexual construído com a finalidade de atrair a atenção dos homens com vista à reprodução. Tudo isso pode não ser politicamente correto, mas é biologicamente verdadeiro.

1. Bunda

Para os homens, os bumbuns redondos, em forma de pêssego, são os mais atraentes. As nádegas das fêmeas humanas diferem das de outros primatas. Enquanto as fêmeas de outras espécies só exibem nádegas salientes quando estão prontas para o acasalamento, as humanas têm nádegas aumentadas o tempo todo e estão quase sempre sexualmente disponíveis. Isto acontece porque uma das finalidades da atividade sexual regular humana é incentivar a fixação do casal com vista à criação dos filhos.

As nádegas femininas têm também dois outros propósitos: armazenar gordura para a amamentação e para servir de estoque alimentar em tempos difíceis.

2. Peitos

Na maior parte do mundo, os homens desenvolveram uma verdadeira obsessão pelos seios. A cirurgia plástica dos seios é hoje um negócio de bilhões de dólares, o que é notável, considerando-se que eles são pouco mais do que glândulas sudoríparas aumentadas.

A maior parte do seio feminino consiste de tecido adiposo, que lhe dá a sua forma arredondada e não tem nenhuma relação com a produção de leite.

Os seios servem a um único propósito: sinalização sexual, pois eles mimetizam o traseiro. Se um macaco viesse em sua direção andando sobre duas pernas, você não saberia dizer se era macho ou fêmea. Devido ao fato de os humanos andarem eretos sobre duas pernas, os seios evoluíram, aumentando de tamanho para imitar o traseiro feminino. Testes realizados com fotos dos sulcos das nádegas e dos seios mostram de maneira convincente que a maior parte dos homens é incapaz de diferenciar uns dos outros.

Roupas decotadas e sutiãs reforçam este sinal aumentando o sulco entre os seios. Afortunadamente, quase todas as pesquisas sobre o sexo demonstram que os homens gostam de seios de todos os tipos e tamanhos – o que mais os estimula é o sulco.

3. O fascínio das pernas longas

Existe uma razão biológica para os homens gostarem de mulheres de pernas longas. Quando a menina atinge a puberdade, suas pernas se alongam rapidamente devido aos hormônios que lhe proporcionam um corpo de mulher. As pernas mais longas são um poderoso sinal não verbal de que ela está amadurecendo sexualmente e já é capaz de procriar.

Os homens adoram mulher de salto alto porque lhes transmite uma ideia de fertilidade. O salto alto acentua a silhueta sexual da mulher: alonga as pernas, arqueia as costas, empina as nádegas, diminui os pés e empurra a pelve para a frente. É por isso que as sandálias com saltos altíssimos são, de longe, o mais eficaz assistente sexual do mercado.

A maioria dos homens prefere mulheres de pernas fortes e bem torneadas a mulheres de pernas finas e esguias, porque a gordura adicional é um indicador de melhor lactação. Os homens gostam de mulheres com pernas de aspecto atlético, mas fogem das que se parecem com um jogador de futebol.

Sinais e gestos de sedução masculinos

A corte masculina envolve demonstrações de poder, riqueza e status. Se você é mulher, provavelmente ficará decepcionada com nosso resumo dos sinais de sedução masculinos. Enquanto as mulheres se vestem com sensualidade, se maquiam e usam uma variada gama de gestos de sedução, os homens não fazem mais do que aumentar o giro do motor de seus carros, se vangloriar de seus ganhos e desafiar outros homens.

A maior parte dos sinais da linguagem corporal masculina gira em torno da genitália. Algumas revistas tentam convencer seus leitores de que as aptidões masculinas na arte da sedução estão melhorando devido ao aumento do número de homens que dá atenção à própria aparência.

Tal como a maioria dos animais, o macho humano se enfeita quando uma possível parceira entra em cena. Além das reações fisiológicas, ele aperta o nó da gravata, alisa o colarinho, espana a poeira imaginária de cima do ombro, toca o relógio e ajeita a camisa, o paletó e outras peças do vestuário.

O corpo masculino – o que deixa as mulheres mais ligadas

As pesquisas mostram que as mulheres preferem homens com vozes grossas e macias porque os tons graves têm relação direta com o nível de testosterona. Os meninos, quando atingem a puberdade, experimentam uma mudança sensível no tom da voz devido aos hormônios masculinos no corpo. Essa transformação ocorre quase da noite para o dia. Quando está ao lado de uma mulher que deseja, o homem tende a falar com tons mais graves para acentuar sua masculinidade, ao passo que a mulher tende a falar em tons mais agudos para contrastá-lo com a sua feminilidade.

Ela gosta mais de bunda, peito ou pernas?

No que diz respeito às partes preferidas do corpo masculino, as mulheres, a exemplo dos homens, se dividem universalmente em três grupos – as adeptas da bunda, do peito/braços e das pernas, com a bunda em primeiro lugar com 40% dos votos.

De modo geral, as mulheres também buscam homens de corpos atléticos, com ombros largos, peito e braços musculosos e traseiro firme. As pesquisas mostram que as mulheres do século XXI também querem homens que lhes pareçam capazes de lutar com os predadores e repelir os invasores.

O corpo masculino é talhado para perseguir, agarrar e lutar com animais, carregar objetos pesados e matar baratas.

---

1. Ombros largos, peito e braços musculosos

O tronco do homem caçador é largo na altura dos ombros e estreito na altura dos quadris, ao contrário do da mulher, que é estreito nos ombros e mais largo nos quadris. O homem desenvolveu essa característica para poder carregar armas pesadas e trazer de volta os seus despojos.

O peito do homem se desenvolveu de maneira a abrigar pulmões grandes que lhe permitissem uma distribuição mais eficiente do oxigênio durante a corrida e a caçada. Em épocas ancestrais, ele impunha tanto mais força e respeito quanto mais largo fosse o seu peito, o que ocorre ainda hoje.

2. Bunda pequena e firme

A maior parte das mulheres prefere a bunda masculina pequena e compacta, mas poucas são as que compreendem o seu magnetismo. O traseiro firme e musculoso proporciona ao homem um adequado movimento para a frente durante o ato sexual, necessário para a transferência eficaz do esperma. Homens com traseiro gordo e flácido têm dificuldade de fazê-lo, razão pela qual tendem a colocar todo o peso do corpo no movimento, deixando a mulher em posição desconfortável e com dificuldade para respirar. O traseiro pequeno e firme traz, portanto, a perspectiva de um trabalho bem-feito.

3. Quadris estreitos e pernas musculosas

As pernas masculinas são atraentes para as mulheres, pois simbolizam a força e a resistência dos homens. As pernas fortes e angulosas do macho humano são as mais compridas dentre as de todos os primatas, ao passo que o quadril estreito lhe permite correr velozmente a longas distâncias para perseguir e caçar. O quadril largo da mulher faz com que ela tenha certa dificuldade para correr, porque suas pernas e pés saem para o lado para equilibrar o peso do corpo.

Resumindo

O fato de homens e mulheres serem sexualmente atraídos por suas respectivas formas corporais pode ser desalentador para algumas pessoas, mas, vendo pelo lado positivo, devemos nos lembrar de que todo mundo tem chance de melhorar a própria aparência e tomar a decisão consciente de aumentar sua capacidade de atrair o sexo oposto.

Mas é importante saber que os atributos físicos e os gestos corporais de sedução são um primeiro fator de atração e aproximação. O que de fato consolida a relação entre homens e mulheres são características de temperamento, de caráter e de valores.

Capítulo 14

Sinais de propriedade, territorialidade e estatura

Para deixar claro nosso direito de posse de uma pessoa ou coisa, nós nos encostamos nela. Encostar-se pode ser também um método de dominação ou intimidação se a coisa na qual nos encostamos pertence a outro. Quando você fotografa um amigo com seu carro novo, seu barco ou algum objeto pessoal, é comum ele aparecer encostado, com o pé em cima ou o braço passado em volta de seu bem. Tocar a propriedade a transforma numa extensão do seu corpo; é assim que ele mostra aos outros que aquilo lhe pertence. Namorados se dão as mãos e se abraçam em público para mostrar à concorrência que têm direito àquela pessoa. O executivo põe os pés sobre a mesa ou se encosta no umbral da porta para mostrar que tem direito àquele escritório e seu mobiliário. A mulher espana fiapos imaginários do ombro do marido para dizer às outras que ele já tem dona.

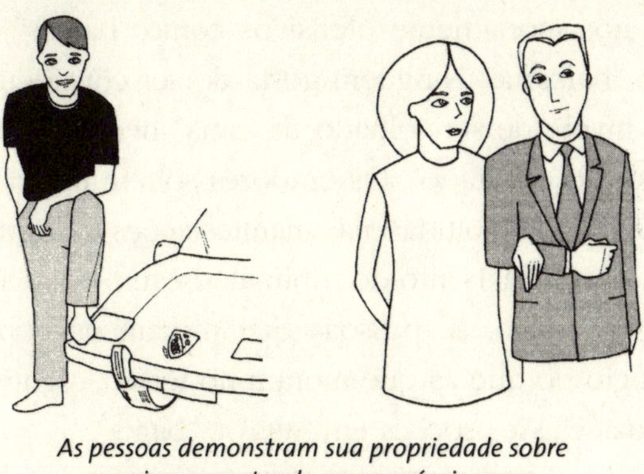

As pessoas demonstram sua propriedade sobre as coisas conectando-as ao próprio corpo

Um modo fácil de intimidar uma pessoa é encostar-se nos seus bens, sentar-se sobre eles ou utilizá-los sem a sua permissão. Sentar-se à mesa de alguém ou pegar seu carro emprestado sem pedir permissão são formas óbvias de apropriação do território ou dos bens de uma pessoa. Existem, porém, técnicas mais sutis de intimidação, como por exemplo encostar-se no umbral da porta do seu escritório ou sentar-se em sua cadeira.

Vale a pena repetir: quando for visitar uma pessoa pela primeira vez, pergunte sempre antes de sentar-se "Qual é a sua cadeira?", porque sentar-se na cadeira errada pode incomodar o dono da casa e criar uma reação negativa à sua presença.

Alguns indivíduos têm mania de se encostar no umbral da porta dos outros, constrangendo-os e intimidando-os. Seria bom para eles praticar uma postura ereta com as palmas das mãos à vista para criar nos outros uma impressão mais favorável. As pessoas formam até 90% de sua opinião sobre as outras nos primeiros quatro minutos e não dão uma segunda chance para a primeira impressão.

Reverência e status

Historicamente, diminuir ou aumentar a própria estatura na frente de outra pessoa são maneiras de estabelecer relações de superioridade ou subordinação. Nós nos dirigimos aos membros da família real como "Alteza" e nos referimos às pessoas que cometem atos moralmente ofensivos como "baixas" e aos seus atos como "baixaria". Ninguém gosta de ser considerado pessoa de "baixo nível", de ser "olhado de cima" nem de obter resultados "abaixo do esperado". Os oradores sobem em caixotes para elevar-se acima da multidão nas manifestações de protesto, o juiz senta-se no lugar mais alto do tribunal, o campeão ocupa o lugar mais alto do pódio, as pessoas que moram na cobertura têm mais prestígio do que as que moram no térreo, algumas culturas dividem suas classes sociais em "alta" e "baixa".

Pessoas de caráter procuram "estar à altura da situação", ao passo que os presunçosos tentam "subir no pedestal" ou "colocar-se nas alturas". E nenhum Deus que se preze vive nas baixadas, e sim no Valhalla, no Monte Olimpo e nos Céus. E todo mundo entende que ficar em pé para falar às multidões é uma questão de manter o controle.

A maioria das mulheres faz reverência ao se encontrar com membros da realeza, ao passo que os homens inclinam a cabeça e tiram o chapéu para parecerem mais baixos do que a pessoa real. Ainda hoje vemos os homens, que não usam mais chapéu, dar um simples toque na testa ao encontrar uma mulher. Quanto mais um indivíduo se sente humilde ou subordinado a outro, mais baixo se curva.

Ele é o maioral

Independentemente do que se acredite ser politicamente mais correto, os estudos mostram de maneira convincente que as pessoas altas têm maiores chances de ser bem-sucedidas, mais saudáveis e mais longevas do que as baixas. O Dr. Bruce Ellis, diretor do Departamento de Psicologia Experimental da Universidade de Canterbury, Nova Zelândia, descobriu que os homens altos têm mais sucesso reprodutivo do que os baixos, não apenas porque o nível de testosterona está relacionado à estatura, mas também porque as mulheres dão preferência aos homens mais altos como parceiros. Homens altos são vistos como mais protetores, uma vantagem que seus genes podem transmitir à prole. Os homens preferem mulheres mais baixas porque isso lhes dá a vantagem aparente da altura.

Quanto mais baixa a mulher, maior a probabilidade de ser interrompida pelos homens. Uma de nossas clientes, uma gerente sênior de 1,55m de altura de uma firma onde predominavam homens, queixava-se de ser continuamente interrompida por seus colegas em reuniões de negócios; ela raramente apresentava suas ideias até o fim e às vezes mal conseguia terminar suas frases. Nós lhe recomendamos a seguinte estratégia: quando fosse apresentar suas ideias, ela devia se levantar, ir até a mesa do café e continuar falando em pé quando retornasse ao seu lugar. Ela ficou impressionada com o resultado dessa técnica para a sua receptividade. Mesmo não podendo usá-la o tempo todo, a tática do café lhe permitiu descobrir que um simples ajuste da sua altura aparente lhe angariava um significativo aumento de autoridade.

Sempre vemos homens mais altos com mulheres mais baixas, raramente o contrário.

Em nossos seminários, observamos continuamente que os gerentes seniores são em geral significativamente mais altos do que todas as outras pessoas. Analisando dados fornecidos pelos Institutos de Administração relativos à estatura e salários de 2.566 gerentes de empresa em nível de diretor, apuramos que cada polegada (2,5 cm) de altura acima da média da empresa representava 600 euros a mais no pacote salarial da pessoa, independentemente de ser homem ou mulher. Pesquisas realizadas nos Estados Unidos mostraram que a altura também está ligada ao sucesso financeiro: em Wall Street, cada polegada de altura representa 500 euros a mais nos ganhos do cidadão. A mesma correlação foi encontrada em órgãos públicos e universidades, que supostamente promovem pessoas com base em critérios de competência e equanimidade, e não de altura. Outro estudo mostrou que as pessoas altas conseguem não apenas melhores empregos como salários iniciais mais altos em firmas americanas.

Por que certas pessoas parecem mais altas na TV

As pessoas que são "percebidas" como altas também se saem melhor fazendo política pela televisão: como na tela todo mundo tem apenas 15 cm de altura, cabe a nós decidir, no plano do subconsciente, a sua real estatura. A estatura e a quantidade de poder que atribuímos ao político estão diretamente relacionadas à firmeza e autoridade da sua apresentação. É por isso que muitos atores, personalidades e políticos de baixa estatura se saem tão bem na telinha – eles simplesmente se fazem de altos. O primeiro-ministro australiano John Howard, por exemplo, ganhou o apelido de "Joãozinho" porque, na televisão, sua presença era suave e discreta. Nossas pesquisas revelaram que o eleitorado o percebia como tendo 1,67 m de altura – relativamente baixo para um homem – quando tinha na verdade 1,75 m. Um de seus adversários, o ex-primeiro-ministro Bob Hawke, apesar da altura "percebida" de 1,85 m devida ao seu excelente desempenho, tinha, na verdade, apenas 1,70 m.

Na TV, um desempenho firme torna o indivíduo mais alto.

Em seus estudos pioneiros do ano de 1968, Wilson mostrou que um certo estudante era visto por outros estudantes a quem se dirigia como tendo 1,75 m de altura, ao passo que ao ser apresentado como professor a audiência o percebia como tendo 1,90 m. Um desempenho vigoroso ou um título importante o levam a ser percebido como mais alto do que você é.

Faça o teste do chão

Se você quiser testar a relação entre autoridade e estatura, experimente fazer com um amigo o seguinte exercício. Deite-se no chão e peça ao amigo para ficar em pé, em cima de você, de maneira que a diferença de altura entre vocês seja a maior possível. Em seguida, peça-lhe que o repreenda com a voz mais alta e mais enérgica que puder. Depois troquem de posição – você fica em pé, ele se deita. Peça-lhe para repetir a reprimenda. Ele vai achar quase impossível fazê-lo: sua voz parecerá diferente e a tentativa carecerá de toda autoridade.

As desvantagens da altura

Ser alto, porém, nem sempre é uma vantagem. Embora em geral as pessoas altas imponham mais respeito do que as baixas, a altura pode ser prejudicial em alguns aspectos da comunicação um-a-um, quando por exemplo você precisa "falar no mesmo nível" ou ter uma discussão "olho no olho" com outra pessoa e não quer ser percebido como "cheio de vento".

Ao perceber que sua altura constituía uma ameaça para seus clientes, o vendedor de produtos químicos Philip Heinicy, de 2 m de altura, fundou na Grã-Bretanha o Clube dos Altos para prover as necessidades práticas, médicas e sociais dos indivíduos de grande estatura. Os clientes se sentiam subjugados e não conseguiam se concentrar no que ele tinha para dizer. Heinicy descobriu que fazer suas apresentações comerciais sentado tornava o clima mais propício a uma boa comunicação. A supressão da sua ameaça física fez aumentar suas vendas em 62%!

Diminuir o corpo pode às vezes aumentar o status

Existem circunstâncias nas quais diminuir o corpo pode ser sinal de dominação; por exemplo, quando você se senta numa poltrona na casa de outra pessoa enquanto o dono da casa está em pé. A total informalidade no território de outra pessoa comunica uma atitude dominante ou agressiva.

Todo indivíduo é superior e protetor em seu próprio território, especialmente em sua própria casa. Portanto, praticar gestos e comportamentos submissos na casa dos outros é uma forma de conquistar o seu apoio.

Como os políticos podem ganhar votos na TV

Por mais de três décadas nós aconselhamos pessoas públicas – de astros de rock a políticos, de previsores do tempo a primeiros-ministros – sobre como serem vistas como dignas de crédito e confiança. Em certa ocasião, dois políticos foram convidados para debates pela televisão sobre suas propostas para governar o país. Um deles – vamos chamá-lo de candidato A – tinha 1,75 m de altura e era visto pelos telespectadores como mais baixo devido à sua presença suave e tranquila, ao passo que seu oponente – o candidato B – tinha 1,90 m e era percebido pelo eleitorado como ainda mais alto devido à sua atitude firme e imperiosa. As avaliações do primeiro debate indicaram que, aos olhos do público, o candidato mais baixo fora amplamente derrotado pelo mais alto. Foi então que ele nos procurou pedindo ajuda. Nós lhe sugerimos uma série de estratégias, a primeira das quais cortar 10 cm da estante que ficava atrás dele, de maneira que a distância visível entre o topo e seu queixo passasse a ser equivalente à do candidato B. Sugerimos também que se tomassem providências para que a sua câmera fosse ligeiramente abaixada de maneira a focalizá-lo de baixo para cima, aumentando a sua estatura aparente. Recomendamos ainda que ele dissesse a sua mensagem olhando diretamente para a câmera para que os eleitores se sentissem como se ele lhes estivesse falando pessoalmente. Deu certo. Nas avaliações do debate seguinte, o candidato A foi considerado o claro vencedor. Os meios de comunicação disseram que ele "tinha um novo senso de autoridade e liderança". Na eleição, o candidato A se tornou líder do país. A lição a tirar daqui é que em geral os eleitores não se interessam profundamente e sequer se lembram do que os políticos dizem nos debates eleitorais. Eles decidem seu voto com base na crença de que o vencedor é o mais apto para governar.

Como acalmar pessoas iradas

É possível não intimidar os outros fazendo-nos parecer menores do que eles de maneira consciente. Vejamos a linguagem corporal que você usa quando comete uma pequena infração de trânsito e é parado por um carro da polícia. Nessas circunstâncias, o policial que se aproxima de seu veículo tende a vê-lo como adversário, e a reação da maioria dos motoristas é abaixar a janela e inventar desculpas ou negar ter cometido a infração.

Considerando que nessas circunstâncias o policial está numa posição superior à sua, tal comportamento só contribui para piorar ainda mais as coisas e aumentar as chances de você ganhar uma multa. Quando você for parado pela polícia, experimente agir da seguinte maneira:

1. Pare imediatamente, abaixe o vidro, espere que o policial se aproxime e receba-o com um sorriso. Mostre-lhe imediatamente seus documentos, de preferência antes mesmo que ele os peça.
2. De uma forma cordial e tranquila, admita seu erro, diga que compreende que ele tenha que cumprir seu dever e acrescente: "Não vou repetir o erro. Por favor, não me multe."

Esse comportamento mostra ao policial que você não constitui ameaça e o estimula a assumir o papel do pai repreensor, caso em que talvez ele decida lhe dar uma severa advertência e mandar você seguir seu caminho – sem multa! Essa técnica pode livrar as pessoas da multa em até 50% das situações em que se é parado por um carro de polícia.

A mesma técnica pode ser usada para acalmar o freguês irado que retorna à loja para devolver uma mercadoria defeituosa ou se queixar de alguma coisa. Neste caso, o balcão constitui uma barreira entre o lojista e o freguês. Permanecendo do seu lado do balcão, o lojista tem mais dificuldade de controlar o freguês e cria uma situação "você contra mim" que pode deixá-lo ainda mais irado. Se passar para o outro lado, colocando-se ao lado do freguês com o corpo curvado e as mãos espalmadas, e aplicar a mesma técnica que recomendamos no caso do policial, é bem possível que consiga acalmá-lo. Ficar atrás de uma mesa e agir na defensiva pode aumentar a raiva do outro.

Algumas estratégias para aumentar a altura aparente

Existem várias estratégias para neutralizar a força de pessoas mais altas que se propõem a intimidá-lo. Isto é especialmente importante para as mulheres, que são, em média, 5 cm mais baixas do que os homens. Organize um ambiente que você possa controlar dispondo cadeiras de várias alturas e pedindo às pessoas mais altas para se sentarem nas cadeiras mais baixas. A posição sentada neutraliza a altura e reduz a força aparente. Colocar os interlocutores nas duas cabeceiras da mesa também contribui para igualar as alturas, assim como encostar-se no umbral da porta para falar enquanto o chefe está sentado. Se uma pessoa o oprime, falando em pé ao seu lado quando você está sentado, levante-se, vá até uma janela e olhe para fora enquanto discute o problema: assim você dará a impressão de estar pensando profundamente no assunto. A pessoa mais alta não pode tirar vantagem da altura quando você não olha para ela. Por fim, uma atitude firme também é capaz de minimizar a diferença de altura. Essas estratégias colocarão sua "cabeça e ombros" acima das pessoas que usam a estatura para intimidar e lhe permitirá "ficar à altura" de qualquer um que tenha a intenção de "passar por cima" de você.

Resumindo

Embora as diferenças de altura tenham uma influência significativa nos relacionamentos, estatura e poder são, geralmente, apenas percepções. As pessoas mais baixas podem aumentar sua altura aparente e serem lembradas como mais altas lançando mão das iniciativas que descrevemos neste capítulo. Lembre-se: ficar ereto, em pé ou sentado, e manter a cabeça erguida são posturas que não apenas dão ao indivíduo um ar confiante como o tornam realmente mais confiante, por força da lei da causa e efeito.

Capítulo 15

A disposição das cadeiras

Onde sentar-se e por quê

Escolher corretamente um lugar para sentar é uma forma eficaz de obter a cooperação das outras pessoas. Da mesma forma, o lugar que outras pessoas escolhem para se sentar na sua presença é bastante revelador da atitude delas para com você.

Ao longo das décadas de 1970, 1980 e 1990, nós fizemos várias pesquisas com participantes de seminários para descobrir as posições nas mesas que eles consideravam mais eficazes para comunicar determinadas atitudes. Analisamos opiniões de delegados a seminários e questionários do nosso banco de dados. O primeiro grande estudo sobre a disposição das cadeiras foi feito pelo psicólogo Robert Sommer, da Universidade da Califórnia, que analisou um grupo representativo de estudantes e crianças em ambientes públicos e sociais, como bares e restaurantes. Aplicamos as descobertas de Sommer à disposição das cadeiras em situações profissionais e negociações. Embora existam diferenças marginais entre culturas e relações interpessoais, resumimos aqui as formas de dispor as cadeiras com que você irá se deparar na maior parte dos lugares e situações.

Em seu livro *Comunicação não verbal na interação humana*, Mark Knapp, da Universidade de Vermont, observa que, embora exista uma fórmula geral para a interpretação das posições relativas de pessoas sentadas, o ambiente pode exercer influência sobre as escolhas. Pesquisas realizadas com indivíduos de classe média mostraram que os lugares que as pessoas escolhem para sentar nos bares, por exemplo, diferem dos lugares que elas escolhem em restaurantes finos. A direção em que apontam as cadeiras e a distância entre as mesas pode também produzir distorções na forma de se escolher um lugar para sentar. Casais íntimos, por exemplo, preferem sentar lado a lado, mas num restaurante cheio onde as mesas ficam muito juntas são obrigados a sentar-se frente a frente.

Faça o teste da mesa

Suponhamos que você, a pessoa B, vai sentar-se com a pessoa A numa mesa retangular. Que lugar você escolheria para se sentar em cada uma das seguintes circunstâncias?

- Você vai entrevistar um candidato a um emprego numa pequena empresa.
- Você vai ajudar uma pessoa a fazer palavras cruzadas.
- Você vai jogar xadrez com alguém.
- Você está numa biblioteca pública e não quer ninguém por perto.

Veja a figura abaixo e faça suas escolhas.

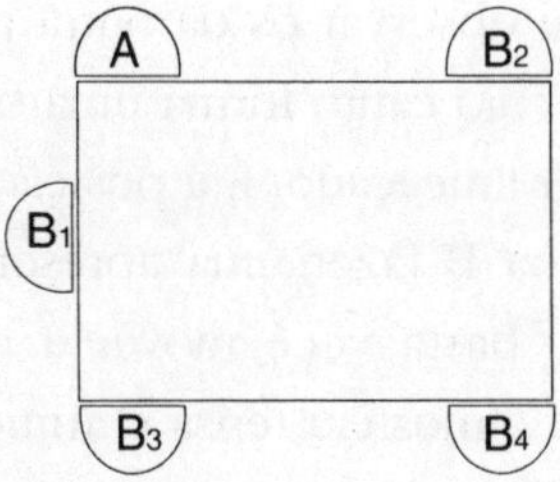

Posições básicas de sentar-se

Estas são as suas respostas mais prováveis:

- Para fazer a entrevista, você escolheu a posição de canto (B1), que lhe permite ver a pessoa claramente sem parecer competitivo ou agressivo, como seria se você escolhesse a posição B3, nem demasiado familiar, como no caso da B2.
- Para ajudar nas palavras cruzadas, você escolheu ficar na

B2, em posição cooperativa, aquela em que a gente se senta para ajudar ou criar um relacionamento com uma pessoa.

- Para jogar xadrez, você optou pela B3, chamada posição competitiva/defensiva. Escolhemos esta posição para competir porque ela nos permite ver bem o rosto do adversário e todos os seus gestos e atitudes.
- Na biblioteca, você escolheu a posição independente, B4, para comunicar sua atitude de independência em relação à outra pessoa ou não envolvimento com ela.

A posição de canto (B1)

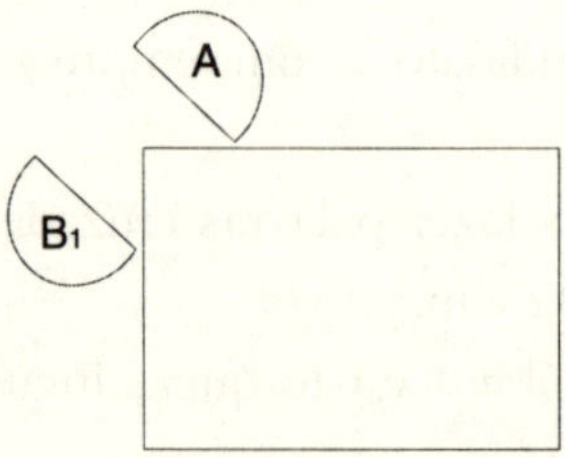

Posição de canto

É a posição usada por pessoas que conversam de maneira informal e amigável. Ela proporciona um bom contato olho no olho e a oportunidade de fazer gestos e observar os da outra pessoa. Evita a divisão territorial da mesa, cujo canto forma uma barreira parcial no caso de o outro se sentir ameaçado. É a posição estratégica mais favorável para a pessoa B fazer uma apresentação, supondo-se que A seja a plateia. Basta você mover a cadeira para a posição B1 para aliviar uma atmosfera tensa e aumentar a chance de um resultado positivo.

A posição cooperativa (B2)

É a posição que costumam adotar duas pessoas que pensam da mesma forma ou trabalham juntas numa tarefa. Nós descobrimos que 55% das pessoas escolhem esta posição como a mais cooperativa e a adotam intuitivamente quando solicitadas a trabalhar com alguém.

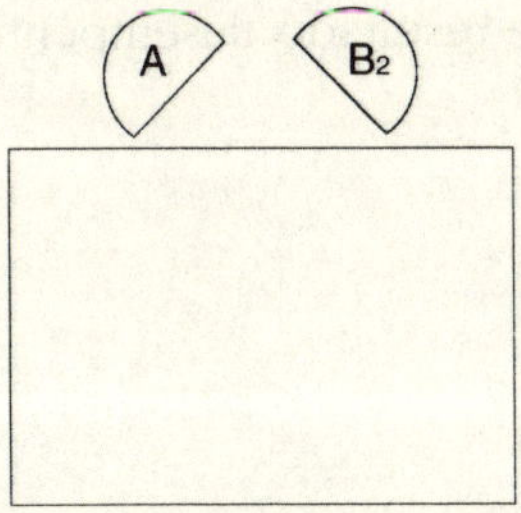

A posição cooperativa

É uma das melhores posições para você apresentar e obter aceitação para a sua proposta porque proporciona um bom contato visual e a possibilidade de espelhamento. O segredo, porém, está em que B possa passar para essa posição sem que A tenha a sensação de que seu território está sendo invadido. É também uma posição adequada à introdução, por parte de B, de uma terceira pessoa na negociação. Consideremos, por exemplo, um vendedor que está tendo uma segunda entrevista com um cliente e traz um especialista técnico. A seguinte estratégia poderá funcionar a contento:

O especialista se senta na posição C, de frente para o cliente A. O vendedor pode se sentar na posição B2 (cooperativa) ou B1 (de canto). Isto permite ao vendedor estar "do lado do cliente", fazendo perguntas técnicas que o beneficiem. Esta posição é conhecida como "ficar do lado da oposição".

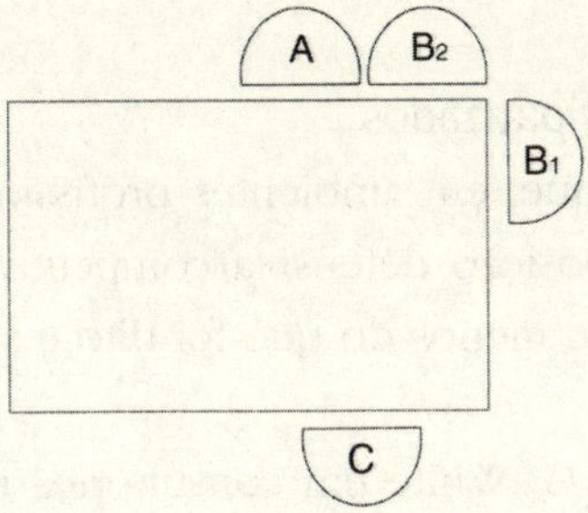

Introduzindo uma terceira pessoa

A posição competitiva/defensiva (B3)

Neste arranjo, os concorrentes ficam frente a frente, cada um de um lado da mesa. Esta posição pode criar um clima defensivo e competitivo e fazer com que cada pessoa se aferre ao seu ponto de vista. A mesa contribui para este resultado desempenhando o papel de barreira entre as partes.

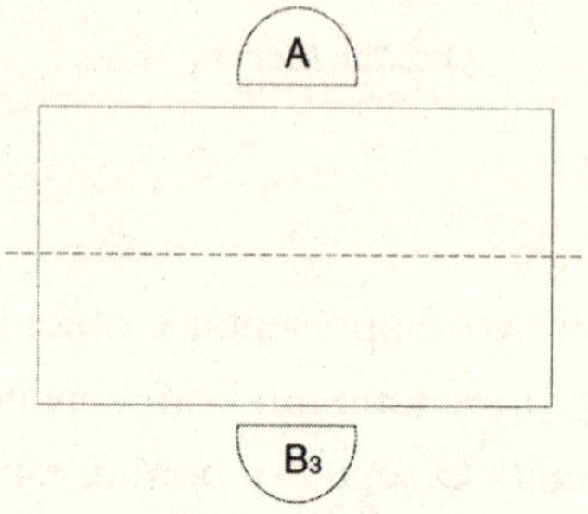

Posição defensiva/competitiva

Cinquenta e seis por cento dos entrevistados em cenários comerciais consideraram que esta é uma posição competitiva, ao passo que 35% das pessoas consultadas em situações sociais – restaurantes, por exemplo – disseram vê-la como propícia à conversa. Ela funciona bem com os casais em restaurantes porque permite um ótimo contato olho no olho ao mesmo tempo que a "oposição" faz destacar sutilmente as diferenças de gênero. No ambiente de trabalho, porém, esta posição pode ser adotada quando as duas pessoas estão competindo ou quando uma está censurando a outra. Ela pode também ser usada por A para estabelecer uma relação superior/subordinado quando usada no território de A.

Por que certos chefes são antipatizados

Nossas pesquisas revelaram que, em ambientes profissionais, as pessoas que se sentam na posição defensiva/competitiva usam frases mais curtas, lembram-se menos do que foi dito e são mais propensas a polemizar.

Uma pesquisa feita por A. G. White em consultórios médicos mostrou que a presença ou ausência de uma mesa exerce um efeito significativo sobre o conforto psicológico do paciente. Apenas 10% dos pacientes pareciam estar à vontade quando o médico se sentava atrás de sua mesa, proporção que subiu para 55% quando não havia nenhuma mesa no consultório. Em uma de nossas experiências, pedimos a 244 gerentes seniores e 127 gerentes intermediários e juniores para desenhar a maneira como gostariam de dispor os móveis de suas salas na mudança para um novo edifício. Setenta e seis por cento dos gerentes seniores (185) desenharam suas mesas entre eles próprios e seus subordinados. Não mais de 50% dos gerentes juniores (64) fizeram a mesma coisa. Os gerentes do sexo masculino foram duas vezes mais propensos do que os do sexo feminino a colocar sua mesa entre eles e os outros.

A descoberta mais interessante foi a maneira como os demais funcionários julgavam os gerentes que não dispunham suas mesas como uma barreira: eles foram descritos como mais imparciais, mais dispostos a escutar ideias sem criticar e menos propensos a favoritismos.

Se B está tentando convencer A, a posição competitiva diminui as chances de que a negociação seja bem-sucedida, a menos que B esteja deliberadamente sentado na posição oposta como parte de uma estratégia previamente estudada. Se A é um gerente e precisa repreender o empregado B, por exemplo, a posição competitiva pode acrescentar peso à censura. Pode ajudar também, no caso de B, por alguma razão, querer fazer com que A se sinta superior.

Qualquer que seja o seu campo de atividade, se ele envolve lidar com pessoas, o seu negócio é influenciar e, portanto, o objetivo deve ser sempre ver o ponto de vista do outro, colocá-lo à vontade e fazê-lo achar que fez bem em relacionar-se com você; a posição competitiva não serve a este propósito. As posições de canto e cooperativa lhe proporcionarão mais colaboração do que a posição competitiva jamais fará. Na posição competitiva, os diálogos são significativamente mais curtos e precisos.

A posição independente (B4)

Esta posição é assumida por pessoas que não querem interagir uma com a outra. Preferida de estranhos que se encontram em lugares como bibliotecas, bancos de parque e restaurantes, é a ela que nos referimos quando dizemos estar em posição "diametralmente oposta" a uma determinada política ou ideia. Para 42% das pessoas que consultamos, a mensagem que ela transmite é a falta de interesse; para alguns, denota indiferença e até hostilidade. Esta posição deve ser evitada se o seu objetivo é promover uma discussão franca entre as pessoas.

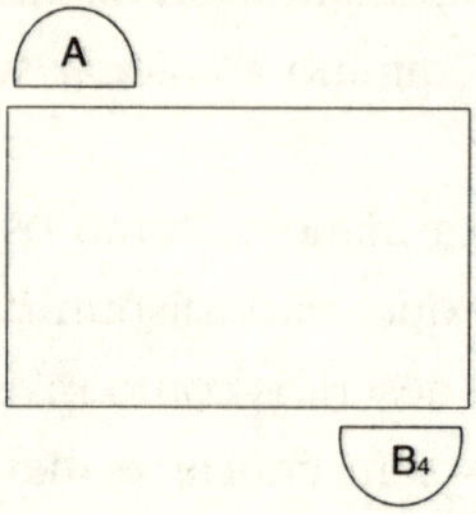

A posição independente diz aos outros que você não quer se envolver

Não se trata do que você diz, mas do lugar onde está sentado

Como já dissemos, mesas retangulares criam uma relação competitiva ou defensiva entre as pessoas porque dão a cada uma delas espaços iguais, frentes iguais e margens distintas. Fazem com que todos tomem "posições" a respeito de cada assunto e permitem mais contato olho no olho. Mesas quadradas são ideais para diálogos curtos e objetivos, assim como para criar relações de superioridade e subordinação. As pessoas sentadas ao seu lado serão as mais cooperativas, a da direita provavelmente mais do que a da esquerda.

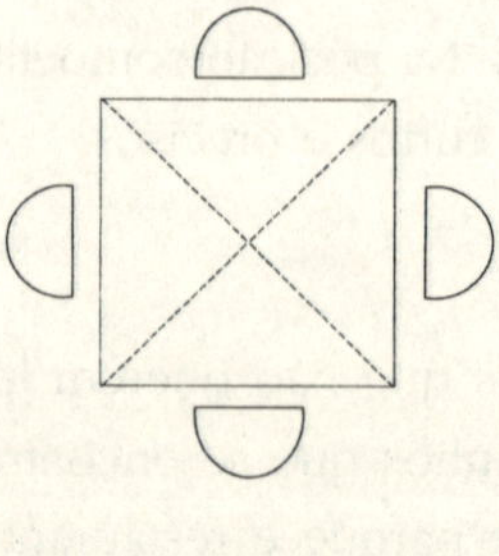

Numa mesa quadrada, todos se sentam nas posições competitiva e de canto simultaneamente

Historicamente, a pessoa sentada à direita tem menos chance de conseguir apunhalar o outro com a mão esquerda. Por essa razão se diz que o auxiliar de maior confiança é o "braço direito" e se atribui subconscientemente à pessoa sentada à direita mais poder que a que está à esquerda. A maior resistência provém da pessoa sentada no lado oposto, na posição do caubói. Quando há quatro pessoas sentadas, todos têm alguém sentado na posição oposta.

A ideia do rei Artur

O rei Artur criou a Távola Redonda com a intenção de dar a cada um de seus cavaleiros igual quantidade de autoridade e status. A mesa redonda cria uma atmosfera de informalidade e descontração. Como cada um pode reclamar a mesma quantidade de território, ela é ideal para se promover a discussão entre pessoas de mesmo status. O próprio círculo veio a se tornar um símbolo universal de unidade e força. Basta se sentarem em círculo para as pessoas sentirem esse efeito. Infelizmente, o rei Artur não se deu conta de que a dinâmica de poder dentro de um grupo é radicalmente alterada quando um de seus membros tem mais status do que os outros. Como o rei detinha o maior poder, os cavaleiros que se sentavam ao seu lado eram implicitamente considerados o segundo escalão, sendo o da direita mais poderoso que o da esquerda. O poder dos demais cavaleiros diminuía de acordo com a distância de sua posição em relação à cadeira do rei.

O cavaleiro que se sentava na cadeira diretamente oposta à do rei Artur ficava, na verdade, na posição competitiva/defensiva

A presença de uma pessoa de status elevado numa mesa redonda distorce a distribuição do poder

e tendia a ser o mais problemático. Sessenta e oito por cento das pessoas que consultamos consideraram a pessoa sentada no lugar diretamente oposto como a mais propensa a polemizar ou se comportar de maneira competitiva. Cinquenta e seis por cento disseram também que sentar-se no lado oposto pode ser uma forma de demonstrar não envolvimento e falta de interesse, como numa biblioteca pública. Setenta e um por cento disseram que quando se sentam ao lado de outra pessoa é para conversar amigavelmente ou obter cooperação.

Muitos executivos de hoje usam mesas retangulares, quadradas e redondas. A mesa retangular, geralmente a de trabalho, é usada para a realização de negócios, diálogos rápidos, censuras, e assim por diante. A redonda, geralmente uma mesa de café com cadeiras baixas, é usada para criar um clima informal e descontraído ou convencer um convidado. É também comum em famílias que praticam a democracia ou em que nenhum dos pais é dominante. As mesas quadradas ficam melhor na cantina.

Mantendo duas pessoas envolvidas

Suponhamos que você, a pessoa C, esteja falando com as pessoas A e B, e que estejam todos sentados numa mesa redonda, com cadeiras dispostas em triângulo. Suponha que A seja uma pessoa conversadora, que faz muitas perguntas, e que B se mantenha calado o tempo todo. Quando A lhe fizer uma pergunta, de que maneira você poderá lhe responder e sustentar a conversa de maneira que B não se sinta excluído? Uma técnica de inclusão simples e eficaz é a seguinte: quando A lhe fizer a pergunta, comece a responder olhando para ela, em seguida vire a cabeça para B, depois retorne sua atenção para A, depois novamente para B e termine a sua fala olhando para A.

Essa técnica, que faz com que B se sinta envolvido na conversa, é particularmente útil quando você precisa que B fique do seu lado.

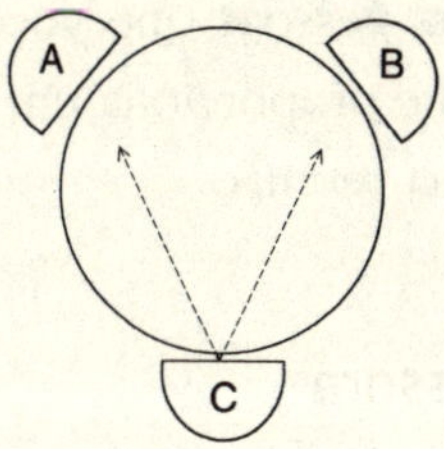

Como manter as duas partes envolvidas quando se responde a uma pergunta

Mesas retangulares

Parece ser uma norma multicultural que em mesas retangulares a posição A seja sempre a de maior influência, mesmo quando todas as pessoas na mesa têm o mesmo status. Numa reunião de pessoas de mesmo status, a pessoa sentada na posição A será a mais influente, contanto que não fique de costas para a porta.

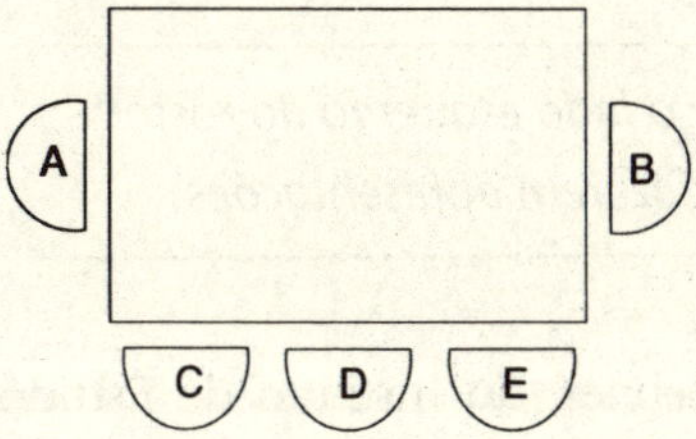

Posições de poder numa mesa retangular

Se A estiver de costas para a porta, quem estiver sentado em B será o mais influente e, portanto, forte competidor de A. Decisões de júris experimentalmente estabelecidas por Strodtbeck e Hook revelaram que a pessoa sentada na cabeceira era muito mais frequentemente escolhida para a presidência, principalmente se fosse percebida como de classe econômica alta. Supondo que A seja a posição de maior poder, a pessoa sentada em B é a segunda em autoridade, seguida de D, depois C. As posições A e B são percebidas como executivas, ao passo que a posição D é vista como adequada a quem exerce uma liderança de tipo emocional, muitas vezes uma mulher, preocupada com as relações de grupo e a participação das pessoas. Essas informações permitem que você interfira no jogo de poder das reuniões colocando nas cadeiras etiquetas que explicitem as pessoas que você quer ver sentadas nelas. Este procedimento lhe proporciona um certo grau de controle sobre o que acontece na reunião.

Por que o queridinho da professora sempre se senta à esquerda

Pesquisadores da Universidade do Oregon estabeleceram que as pessoas conseguem reter no campo visual direito até três vezes mais informação sobre o que veem do que no campo visual esquerdo. Eles acreditam que todos temos um "lado melhor" em nosso rosto para transmitir informações a outras pessoas. Segundo essa pesquisa, o nosso melhor lado é o esquerdo por ficar à direita do campo visual do outro.

Estudos mostram que o lado esquerdo do rosto é o melhor para se fazerem apresentações.

Um estudo do Dr. John Kershner, do Instituto de Estudos de Educação de Ontário, registrou a direção do olhar dos professores a cada 30 segundos, durante 15 minutos. Sua conclusão foi a de que os professores praticamente ignoram os alunos sentados à sua direita. Quarenta e quatro por cento do tempo eles olham para a frente, 39% para a esquerda e 17% para a direita. Ele constatou também que os alunos sentados à esquerda se saíam melhor em testes de soletração e eram menos inquiridos do que os sentados à direita. Nossas pesquisas revelaram que se fazem mais acordos de negócios quando o vendedor senta-se à esquerda do cliente. Portanto, quando você mandar seu filho à escola, diga-lhe para fazer de tudo para ficar do lado esquerdo da professora. Quando ele se tornar adulto, oriente-o a procurar aquele poder a mais que geralmente se atribui à pessoa sentada à direita do chefe.

Jogos de poder dentro de casa

O formato de uma mesa de jantar pode nos dar uma pista da distribuição de poder na família, admitindo-se que a sala possa acomodar mesas de quaisquer formatos e que o formato foi escolhido depois de uma séria reflexão. Famílias "abertas" adotam mesas redondas, famílias "fechadas" preferem mesas quadradas e indivíduos "autoritários" escolhem mesas retangulares.

Da próxima vez que você der um jantar, experimente fazer o seguinte: coloque o convidado mais tímido e introvertido na cabeceira da mesa, o mais longe possível da porta e com as costas viradas para a parede. Você ficará espantado de ver como o simples fato de colocá-lo numa posição de poder não apenas o estimula a falar mais e com mais autoridade como também lhe garante mais atenção por parte dos outros.

Como fazer a plateia chorar

The Book of List (O livro das listas) – uma publicação que anualmente relaciona todo tipo de informação sobre o comportamento humano – revela que falar em público é o nosso medo número um, e o medo da morte, o sétimo colocado. Parece até que num funeral você se sentiria melhor deitado no caixão do que lendo o elogio fúnebre.

É importante que você entenda como a audiência recebe e retém a informação, para o caso de ter de falar em público em algum momento da sua vida. Em primeiro lugar, nunca diga à plateia que você está nervoso ou assustado – as pessoas começarão a procurar, e na certa encontrarão, seus sinais corporais de nervosismo. Elas jamais suspeitarão que você está nervoso, a menos que você o diga. Segundo, use gestos de confiança ao falar, por mais apavorado que esteja. Use a mão espalmada, deixe eventualmente o polegar à mostra e mantenha os braços descruzados. Evite apontar para a plateia, cruzar os braços, tocar o rosto e agarrar-se à tribuna. Estudos mostram que as pessoas sentadas na primeira fila retêm mais informação do que as demais, em parte porque estão mais interessadas em aprender, em parte porque querem mostrar mais atenção ao instrutor para não serem inquiridas.

As pessoas sentadas na primeira fila aprendem mais, participam mais e são mais entusiasmadas.

As pessoas sentadas no meio da plateia vêm em seguida. São as que fazem a maior parte das perguntas, já que o meio da plateia, cercado de outras pessoas, é considerado uma zona segura. As laterais e o fundo são as áreas menos atentas e reativas. Quando você se coloca à esquerda da plateia – o lado direito do palco –, a sua informação tem um impacto maior sobre o hemisfério direito (o lado emocional) do cérebro dos ouvintes. Reciprocamente, posicionar-se à direita da plateia – o lado esquerdo do palco – tem maior impacto sobre o hemisfério esquerdo do cérebro dos ouvintes. É por isso que a plateia ri mais alto e por mais tempo quando o orador lança mão do humor a partir do lado esquerdo do palco, e reage melhor aos discursos emocionais quando o orador se posiciona do lado direito. Os comediantes sabem disso há décadas – fazer o público rir, a partir da esquerda, e chorar, a partir da direita.

A zona de atenção

Com base em parâmetros estabelecidos pelos pesquisadores Robert Sommer, Adams e Biddle, fizemos um estudo para avaliar o nível de participação e a capacidade de retenção de informação de delegados de seminários em função do lugar que escolhiam para se sentar na plateia. Nossos resultados foram notavelmente semelhantes aos do estudo original de Robert Sommer, embora os nossos pesquisados fossem adultos e os dele, estudantes. Como na maioria dos países – mais notavelmente no Japão – os indivíduos de status mais elevado sentam-se na primeira fila e são os que menos participam, só coletamos dados de plateias em que os delegados tinham mais ou menos o mesmo status. O resultado foi o que chamamos de "efeito funil".

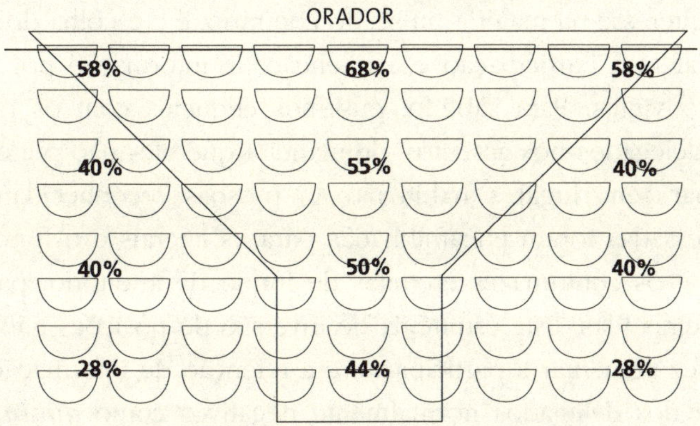

Retenção de informação e participação dos presentes com base na escolha do lugar na plateia (Pease, 1986)

Quando os participantes se acomodam em auditórios do tipo sala de aula, forma-se uma "zona de aprendizagem" em forma de funil que se estende transversalmente pela zona central da plateia a partir da primeira fila. Os delegados sentados na área do "funil" são os que mais participam, mais interagem com o apresentador e mais se recordam do que foi discutido. Os que ficam no fundo ou nas laterais são os menos participantes, os mais propensos a atitudes negativas ou refratárias e os menos capazes de recordar os temas da discussão. O fundo da plateia proporciona aos delegados, além disso, mais oportunidades de ficar rabiscando, de dormir e de escapar.

Uma experiência em aprendizagem

Sabemos que as pessoas mais interessadas em aprender preferem sentar-se nas primeiras fileiras e as menos interessadas ocupam os lugares do fundo e das laterais do auditório. Uma outra experiência que fizemos foi para determinar se o "efeito funil" é o resultado da escolha do lugar pelos participantes com base em seu interesse na matéria ou se, ao contrário, é a escolha do lugar que afeta a participação e a retenção da informação por parte dos ouvintes. Para sabê-lo, pusemos etiquetas com os nomes dos delegados nos assentos, de maneira que eles não pudessem ocupar seus lugares habituais. As pessoas reconhecidamente interessadas foram encaminhadas para as laterais e o fundo da sala, e os contumazes eremitas de fundo de auditório, para as primeiras filas. Esta estratégia de inversão de posições não apenas fez aumentar a participação e a retenção de informação por parte dos delegados normalmente negativos como *diminuiu* a participação e a capacidade de retenção dos delegados positivos confinados no fundo da sala. A lição aqui é uma clara estratégia de ensino – se você quer que uma pessoa capte a sua mensagem, coloque-a na primeira fila. Conscientes de que o aumento do contato olho no olho entre assistentes e palestrantes produz mais participação e retenção de informação, alguns palestrantes e instrutores abandonaram, em atividades de treinamento com pequenos grupos, a disposição de cadeiras estilo "sala de aula" em favor do modelo "ferradura" ou "quadrado aberto".

Tomando decisões durante o jantar

Tendo em mente tudo o que foi dito até aqui sobre a relação entre a territorialidade humana e as propriedades das mesas quadradas, redondas e retangulares, vamos analisar agora a dinâmica de um jantar em que seu objetivo é obter uma resposta favorável para a sua proposta.

A melhor estratégia para quem pretende fazer negócios num jantar é terminar a conversa antes que a comida chegue. Depois que as pessoas começam a comer, a tendência da conversa é estacionar. Após a refeição, o cérebro, já entorpecido pelo álcool, tem o sangue drenado em benefício da digestão, tornando ainda mais difícil à pessoa pensar com clareza. Este efeito, ainda que às vezes desejado por homens que convidam parceiras para jantar, pode ser desastroso nos negócios. Procure apresentar suas propostas enquanto todos ainda estão mentalmente alertas.

Não se tomam decisões de boca cheia.

Em tempos imemoriais, os homens retornavam com a caça no final do dia para dividi-la com o grupo na caverna comunal. Para afugentar os predadores e obter calor, acendiam-se fogueiras nas entradas das cavernas. O homem das cavernas se sentava de costas para a parede da caverna para evitar sofrer ataques por trás enquanto se ocupava da sua refeição. Os únicos sons que se ouviam eram o rilhar dos dentes e o crepitar do fogo. Este ritual ancestral de compartilhar a comida no crepúsculo ao redor de uma fogueira é o precursor dos eventos sociais que o homem moderno reedita na forma de churrascos, almoços ao ar livre e jantares, e nos quais se comporta e reage de maneira muito semelhante à de seus antecessores de há milhares de anos.

Voltando ao nosso jantar, é mais fácil obter da outra pessoa uma decisão favorável quando ela já está descontraída e com as barreiras defensivas relaxadas. Para alcançar este objetivo você só precisa seguir algumas regras simples e ter sempre em mente o que já foi dito sobre nossos ancestrais.

Em primeiro lugar, independentemente de se o jantar é na sua casa ou num restaurante, faça o seu interlocutor se sentar com as costas viradas para uma parede ou um biombo. As pesquisas mostram que tanto a respiração como os batimentos cardíacos, a frequência das ondas cerebrais e a pressão arterial aumentam rapidamente quando a pessoa se senta com as costas viradas para o espaço aberto, principalmente em lugares onde há gente circulando. A tensão é ainda maior quando a pessoa fica de costas para uma porta ou uma janela aberta para o mesmo pavimento. Esta, na verdade, é uma boa posição para fazer sentar uma pessoa que você pretende atemorizar ou enervar. Em seguida, diminua a luz ambiente e ponha música de fundo para relaxar os sentidos. Muitos restaurantes de classe têm uma lareira ou um simulacro perto da entrada para recriar o efeito da fogueira queimando nos festins do tempo das cavernas. Se você quer um público cativo, o ideal é escolher uma mesa redonda e fazer com que a vista de outras pessoas seja obscurecida por um biombo ou uma planta frondosa.

É muito mais fácil obter uma decisão favorável em tais circunstâncias do que jamais será em restaurantes iluminados onde as mesas e cadeiras ficam em espaços abertos e se ouve o tempo todo o estrépito de pratos e talheres.

Resumindo

A posição das cadeiras não deve ser ao acaso. Colocar as pessoas em lugares específicos pode afetar o resultado de uma reunião. Da próxima vez que você for a uma, pergunte-se quem é a pessoa que você mais quer influenciar e em que lugar você deve se sentar para alcançar seus objetivos. Quem é o mais provável adversário ou crítico da sua pretensão? Não havendo formalmente um líder, quem está ocupando a cadeira que propicia mais poder? Onde você deve se sentar se a sua intenção é controlar? Além de lhe proporcionarem uma considerável vantagem, as respostas a essas perguntas o ajudarão a impedir que outras pessoas dominem a reunião.

Capítulo 16

Entrevistas, jogos de poder e arrumação do escritório

Adam saiu da entrevista com a impressão de que não fora bem. Teria sido por causa do que disse? Ou será que seu paletó apertado, seu cavanhaque, seus brincos e sua maleta abarrotada teriam desagradado? Ou quem sabe ele se sentou na cadeira errada?

A maioria das entrevistas para seleção de pessoal é totalmente improdutiva. Estudos mostram que existe uma forte correlação entre a admissão ou rejeição do entrevistado e o grau de simpatia que ele desperta no entrevistador. No final, a maior parte da informação contida no curriculum vitae – as coisas que realmente pesam como indicadores do desempenho do candidato – é esquecida. O que fica é a impressão causada pelo candidato na mente do entrevistador.

A primeira impressão é o "amor à primeira vista" do mundo dos negócios.

O professor Frank Bernieri, da Universidade de Toledo, analisou o comportamento de candidatos a emprego de diferentes idades e tipo de formação em entrevistas de 20 minutos de duração em que os entrevistadores eram solicitados a classificar cada um de acordo com atributos como ambição, inteligência e competência. Um grupo de observadores foi então solicitado a assistir aos vídeos dos primeiros 15 segundos de cada entrevista. Viu-se que as impressões dos "observadores" formadas nos primeiros 15 segundos eram equivalentes àquelas que os entrevistadores formavam nas entrevistas de 20 minutos. Esse estudo constitui uma convincente evidência de que ninguém tem uma segunda chance de causar uma primeira impressão e que a aproximação, o aperto de mão e a linguagem corporal em geral são fatores decisivos para a formação do resultado.

Por que James Bond parecia frio, calmo e controlado

Pesquisas no campo da linguística mostram que existe uma relação direta entre o status, o poder e o prestígio de uma pessoa e o alcance do seu vocabulário. Quanto mais alta a posição do indivíduo na escala social ou profissional, mais provavelmente ele estará capacitado a se comunicar por meio de palavras e frases. O estudo da linguagem corporal revelou existir uma correlação entre o domínio da linguagem falada e a quantidade de gestos que uma pessoa usa para comunicar sua mensagem. As pessoas situadas no topo da escala social podem usar a totalidade de seu vocabulário para comunicar seus pensamentos, ao passo que outras, de menor nível de instrução, menos aptidões e menor status social, tendem a se comunicar com um uso muito mais intenso de gestos do que de palavras. Não tendo familiaridade com as palavras, essas pessoas as substituem por gestos. De um modo geral, quanto mais elevada a posição de uma pessoa na escala social, menos gesticulação e linguagem corporal ela tende a usar.

O agente especial James Bond usava esses princípios em benefício próprio fazendo um mínimo de gestos corporais, principalmente em situações de máxima pressão. Ao ser intimidado, insultado ou alvejado pelos vilões, ele ficava quase parado, respondendo com frases curtas e monocórdicas.

Nove regras básicas para causar uma ótima primeira impressão

Suponhamos que você tem uma entrevista marcada e quer causar uma excelente primeira impressão. Tenha sempre em mente que as outras pessoas formam até 90% de sua opinião sobre você nos primeiros quatro minutos de contato e que 60 a 80% do impacto causado é não verbal.

Eis aqui nove regras básicas para sair-se bem logo de cara em qualquer entrevista:

1. Aparência

Vista-se de forma discreta e adequada. Certifique-se de estar com a barba feita, o cabelo cortado, as unhas aparadas. Negligenciar esses detalhes pode causar uma primeira impressão negativa no entrevistador. Se você for mulher, evite decotes, saias curtas, joias e perfumes muito ativos.

2. Na recepção

Evite entrar num escritório com os braços carregados de coisas que possam atrapalhá-lo e dar-lhe uma aparência desajeitada. Na recepção, prefira ficar de pé para ser visto pela recepcionista. Segure as mãos atrás das costas (confiança) ou balance o corpo lentamente sobre os pés (confiança, controle). Esta linguagem corporal é um lembrete permanente de que você está ali, esperando.

3. A entrada

A forma como você entra na sala de entrevistas diz como você espera ser tratado. Quando a recepcionista lhe der o sinal verde, entre sem hesitar. Não fique parado na porta como um aluno assustado esperando para falar com o diretor. Depois de passar pela porta do escritório, mantenha o mesmo ritmo. Pessoas inseguras hesitam e se atrapalham com os pés ao entrar.

4. A aproximação

Mesmo que o outro esteja ao telefone, ou examinando papéis, entre direto, com um movimento uniforme e um ar confiante. Pessoas que impõem respeito caminham de maneira decidida com velocidade normal e passadas não muito curtas nem muito longas. Ponha sua maleta, pasta ou o que você tiver na mão sobre a cadeira, cumprimente o entrevistador e espere que ele lhe indique onde sentar-se. Mantenha um ar seguro e tranquilo, procurando transmitir força, autoridade e capacidade, ou indicar que é um potencial bom parceiro.

Na hipótese de o entrevistador deixá-lo de pé, ignorando sua presença de forma humilhante, aguarde alguns segundos e diga com firmeza e sem agressividade: "Vejo que o senhor está ocupado. Vou aguardá-lo na recepção."

5. O aperto de mão

Espere o entrevistador lhe estender a mão e mantenha a sua na vertical, retribuindo a pressão que receber. Deixe o outro decidir quando terminar o aperto de mão. Ao se aproximar, dê um passo à esquerda da mesa retangular para não ficar na posição de "reprimenda". Se não for possível angular a cadeira, angule o corpo.

6. Lugares de sentar

Ser convidado a se sentar numa área informal do escritório do outro, uma mesa de café, por exemplo, é um sinal positivo, porque 95% das recusas comerciais são comunicadas detrás de uma mesa. Procure não se sentar num sofá baixo, desses que afundam, mas, se for inevitável, sente-se com as costas eretas na beirada do assento para poder controlar seus gestos e sua linguagem corporal. Procure posicionar o corpo em um ângulo de 45 graus em relação ao seu anfitrião.

7. Os seus gestos

Seja simpático, cordial, sem excessos. Responda o que lhe for perguntado com objetividade e concisão. Pessoas calmas e que têm suas emoções sob controle usam movimentos claros, simples e deliberados. Pessoas de status elevado usam menos gestos do que pessoas de baixo status. Este é um antigo estratagema da arte da negociação – pessoas poderosas quase não têm necessidade de se mover. Procure espelhar sutilmente os gestos e expressões do entrevistador nos momentos apropriados.

8. Distância

Respeite o espaço pessoal do seu anfitrião, que será o maior possível nos minutos iniciais da reunião. Se você chegar perto demais, ele reagirá recostando-se na cadeira, virando-se de lado ou usando gestos repetitivos, como tamborilar os dedos.

9. A saída

Fique atento para os sinais de final da entrevista e não procure de forma alguma prolongá-la. Arrume as suas coisas de um modo calmo e deliberado – nunca freneticamente. Dê um aperto de mão se o outro tomar a iniciativa, vire-se e saia. Se a porta estava fechada quando você entrou, feche-a ao sair.

Quando alguém o deixa esperando

A pessoa que faz você esperar mais de 20 minutos mostra que ou é muito desorganizada ou está fazendo jogo de poder. Fazer o outro esperar é uma forma eficaz de diminuir-lhe o status e aumentar o próprio.

Leve sempre com você um livro, um laptop ou papéis de trabalho para mostrar que você é uma pessoa ocupada. Quando a pessoa que o deixou esperando vier recebê-lo, deixe-a falar primeiro, levante a cabeça do trabalho devagar, cumprimente-a e arrume as suas coisas de modo calmo e confiante.

Se a pessoa receber uma ligação durante a reunião, ou se uma terceira pessoa entrar e eles começarem o que parece ser uma longa conversa, pegue o seu livro, ou seu trabalho, e comece a ler. Além de lhes dar privacidade, essa atitude demonstra que você não gosta de desperdiçar seu tempo. Se achar que a pessoa está fazendo tudo isso intencionalmente, mas a entrevista lhe interessa especialmente, relaxe o corpo, respire algumas vezes mais profundamente e tenha paciência de esperar. Abra o livro que trouxe e leia enquanto aguarda.

Sete táticas simples para você sair em vantagem

1. Fique em pé nas reuniões

Faça todas as reuniões de tomadas de decisão rápidas em pé. Estudos mostram que conversas em pé são significativamente mais curtas do que as sentadas. Ficar em pé sempre que alguém entra na sua sala de trabalho é também uma excelente maneira de poupar tempo. Saia de trás da sua mesa e converse de pé com a pessoa que foi procurá-lo; pense, portanto, na possibilidade de não ter cadeiras de visitantes na sua sala. Além de rápidas e objetivas, as decisões tomadas em pé não permitem que os outros aluguem o seu tempo com bate-papos ou perguntas sociais do tipo "Como vai a família?".

2. Ponha seus adversários sentados de costas para a porta

Como já dissemos, estudos revelam que ficar de costas para um espaço aberto nos deixa estressados: a pressão arterial aumenta, os batimentos cardíacos e a respiração se aceleram porque o nosso corpo se "prepara" para um ataque. Esta é, portanto, uma excelente posição para colocar seus adversários.

3. Mantenha os dedos unidos

As pessoas que mantêm os dedos unidos e as mãos abaixo da linha do queixo ao gesticular impõem mais respeito. Os dedos abertos e a mão acima do queixo são gestos considerados menos poderosos.

4. Ponha os cotovelos para fora

Ao se sentar, mantenha os cotovelos para fora ou sobre os braços da cadeira. Indivíduos tímidos e submissos põem os cotovelos para dentro procurando se proteger, dando assim a impressão de assustados.

5. Use palavras fortes

Um estudo da Universidade da Califórnia mostrou que as palavras mais persuasivas da linguagem falada são: *descoberta, garantia, amor, comprovado, resultados, economizar, fácil, saúde, dinheiro, novo, segurança* e *você*. Pratique usá-las. Os resultados que você obterá da descoberta dessas comprovadas palavras lhe garantirão mais amor e saúde e lhe servirão para economizar dinheiro. E elas são absolutamente seguras e fáceis de usar.

6. Não ande com a pasta estufada

Pastas finas com cadeados de segredo são usadas por pessoas importantes que só se preocupam com o essencial; pastas grandes e "gordas" são usadas por pessoas que dão a impressão de não saberem delegar e de não serem suficientemente organizadas para fazer as coisas a tempo.

7. Observe os botões do paletó

A análise de negociações gravadas, entre empresas e sindicatos, por exemplo, mostra que os acordos são mais frequentes quando as pessoas têm os paletós desabotoados. Pessoas que cruzam os braços sobre o peito costumam fazê-lo com os paletós abotoados e são, por isso, mais negativas. Quando uma pessoa desabotoa de repente o paletó numa reunião, é razoável supor que sua mente acaba de se abrir.

Um conselho

Antes de sair para uma entrevista importante, sente-se em silêncio durante cinco minutos e mentalmente imagine-se fazendo as coisas que lhe sugerimos – e fazendo-as bem. Quando sua mente conseguir vê-las com clareza, seu corpo será capaz de realizá-las. E os outros reagirão de acordo.

Política de poder no escritório

Você já se sentiu oprimido ou impotente ao se sentar na cadeira do visitante numa entrevista de emprego? Já se sentiu pequeno e insignificante na frente de um entrevistador imenso e esmagador? É provável que ele tenha arrumado habilmente os móveis do escritório para elevar seu próprio status e poder e, dessa forma, abaixar o seu. Algumas estratégias de uso e arrumação das cadeiras são capazes de criar esse tipo de clima num escritório.

Os principais aspectos da cadeira que contribuem para afetar o status e o poder aparente do usuário são: seu tamanho e acessórios, sua altura em relação ao chão e sua posição em relação ao lugar ocupado pela outra pessoa.

1. Tamanho da cadeira e acessórios

A altura do espaldar aumenta ou diminui o status do usuário da cadeira. Quanto mais alto o espaldar, maior o status aparente da pessoa. Reis, rainhas, papas e outras figuras de status elevadíssimo sempre têm cadeiras e tronos oficiais com espaldar de 2,5 m ou mais. Diretores-executivos têm cadeiras de couro de espaldar alto para si próprios e cadeiras de espaldar baixo para seus visitantes. Quanto poder teriam a rainha e o papa se aparecessem sentados em bancos de piano?

As cadeiras giratórias dão mais poder e status do que as fixas e propiciam aos usuários mais liberdade de movimentos em situações de pressão. Cadeiras fixas permitem pouco ou nenhum movimento, falta que é compensada pelo usuário com gestos corporais reveladores de sua atitude e sentimentos. Cadeiras com braços, cadeiras reclináveis e cadeiras com rodízios denotam maior poder.

2. Altura da cadeira

Já tratamos da aquisição de poder por meio da estatura no capítulo 14, mas vale a pena lembrar que você pode adquirir status ajustando a sua cadeira a uma altura do chão maior que a de seu convidado. Alguns executivos de marketing são conhecidos por se sentarem em cadeiras de espaldar alto ajustadas à máxima altura do chão, enquanto seus visitantes sentam-se à sua frente em sofás e cadeiras tão baixos que a posição torna-se defensiva.

3. Localização da cadeira

Como mencionado no capítulo anterior sobre a disposição das cadeiras, maximiza-se o poder colocando a cadeira do visitante bem na frente da mesa do anfitrião, na posição competitiva. Um jogo de poder comum é colocar a cadeira do visitante na zona social ou pública, tão longe quanto possível da mesa do executivo, para reduzir ainda mais o seu status.

Como negociar territórios na mesa

Duas pessoas sentadas frente a frente numa mesa dividem-na inconscientemente em territórios iguais. Cada uma reclama metade da mesa como território seu e fica a postos para repelir comportamentos invasivos.

Haverá, no entanto, ocasiões em que pode ser difícil ou inapropriado ocupar a posição de canto para apresentar sua proposta. Suponhamos que você tem uma pasta de papéis, um livro, uma proposta técnica ou uma amostra para apresentar a uma pessoa que está sentada atrás de uma mesa retangular e seu objetivo é ocupar a melhor posição para fazê-lo. Coloque a proposta sobre a mesa. O seu interlocutor poderá se inclinar

As pessoas e suas linhas territoriais

para a frente para olhá-la, puxá-la para o lado dele ou empurrá-la de volta para o seu território.

Se ele se inclinar para a frente para olhá-la mas não a pegar, você terá de fazer a sua apresentação do lugar onde está sentado, porque ele não o quer ao seu lado na mesa. Neste caso, apresente a proposta com a cadeira posicionada em um ângulo de 45 graus em relação à mesa. Se ele o levar para o lado dele, porém, será a sua oportunidade de pedir permissão para entrar em seu território e ocupar a posição de canto ou cooperativa.

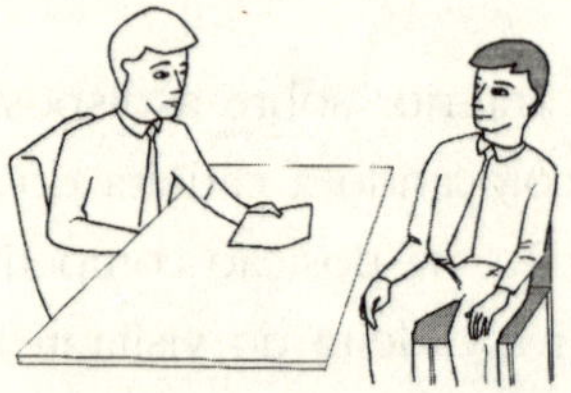

Levar o papel para o território dele indica aceitação não verbal

Concordância não verbal para entrar no espaço dele

Se, no entanto, ele o empurrar de volta para você, fique onde está. Nunca invada o território de outra pessoa sem ter recebido permissão verbal ou não verbal para fazê-lo, para não colocá-la na defensiva.

A posição do corpo ao sentar-se

Considere a seguinte situação: você é supervisor e precisa aconselhar um subordinado cujo desempenho profissional está insatisfatório. Você sabe que terá de fazer perguntas diretas que exigirão respostas diretas e que isso poderá colocar o seu subordinado sob pressão. Eventualmente, você terá de mostrar compaixão pelo subordinado e, de quando em quando, concordar com suas ideias e ações.

Observe a figura a seguir e considere as seguintes questões: (1) a sessão de aconselhamento acontecerá na sua sala; (2) o subordinado estará sentado numa cadeira fixa, sem braços, o que o levará a fazer gestos e adotar posturas corporais capazes de lhe dar uma boa compreensão de suas atitudes; e (3) você estará sentado numa cadeira giratória com braços, que lhe permite eliminar uma parte de seus próprios gestos e se mover livremente.

As cadeiras podem estar dispostas de três maneiras diferentes. Assim como ocorre com a posição triangular em pé, a configuração em que ambos se sentam a 45 graus, formando entre eles um ângulo de 90 graus, dá ao encontro um clima informal e descontraído, adequado portanto a uma reunião de aconselhamento.

Nesta posição você pode mostrar não verbalmente sua concordância com o subordinado espelhando seus movimentos e gestos. Como na posição aberta em pé, os corpos apontados para um terceiro ponto, formando um triângulo, denota concordância.

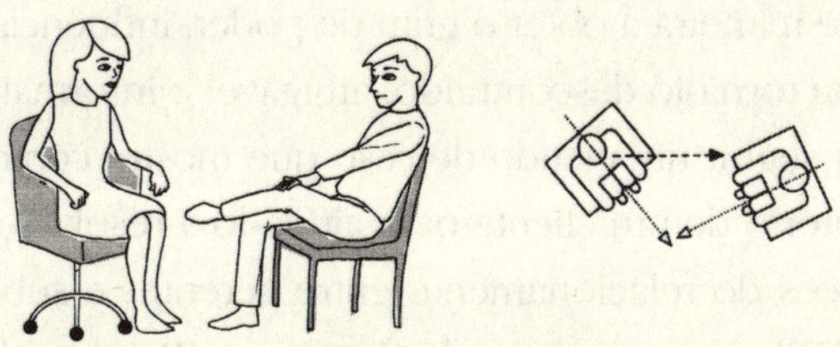

Abrir a reunião com as cadeiras a 45 graus descontrai o ambiente

Colocando sua cadeira de maneira que seu corpo fique diretamente apontado para a pessoa, você lhe estará dizendo não verbalmente que quer respostas diretas às suas perguntas igualmente diretas.

O corpo diretamente apontado mostra que a coisa é séria

Posicionando o seu corpo em um ângulo de 45 graus invertido em relação à outra pessoa, você diminui a pressão da entrevista. É, portanto, uma excelente posição para se fazerem perguntas delicadas ou embaraçosas, pois estimula o outro a dar respostas mais francas sem se sentir pressionado.

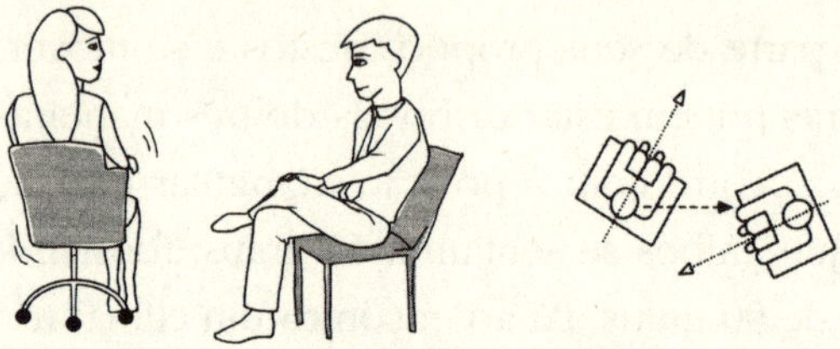

A posição invertida num ângulo de 45 graus

Como arrumar seu escritório

Tendo chegado até aqui, você já deve saber como arrumar seu escritório de maneira a obter o grau de poder, influência e controle desejado, ou torná-lo descontraído, amigável e informal, se preferir assim. Eis a seguir um estudo de caso que mostra como rearrumamos o escritório de um cliente para ajudá-lo a resolver alguns problemas típicos do relacionamento entre gerentes e subordinados.

John trabalhava numa grande financeira. Promovido ao cargo de gerente, ganhou uma sala. Depois de alguns meses no cargo, descobriu que os funcionários não gostavam de lidar com ele. Seu relacionamento com eles era quase sempre tenso, principalmente quando os recebia em sua sala. Tinha dificuldade de fazê-los seguir suas instruções e ouvira dizer que eles faziam comentários às suas costas. Nosso estudo da situação de John revelou que seus problemas de comunicação pioravam quando ele recebia os subordinados em sua sala.

Para fins deste exercício, vamos ignorar as qualidades gerenciais de John e nos concentrar nos aspectos não verbais do problema. Eis um resumo das nossas observações e conclusões a respeito da arrumação do escritório de John:

1. A cadeira do visitante estava colocada numa posição competitiva em relação a ele.
2. A sala era cercada de paredes, exceto pela porta, uma janela e uma divisória de vidro pela qual John podia ver todo o escritório e ser visto pelo resto do pessoal. Estar assim visível reduzia-lhe o status e aumentava o poder de qualquer subordinado que estivesse sentado na cadeira do visitante. Os demais funcionários ficavam atrás do visitante e, portanto, na prática, do mesmo lado da mesa que o subordinado.
3. A mesa de John era fechada na frente de maneira a ocultar a parte de baixo de seu corpo, o que impedia que os subordinados avaliassem seus sentimentos observando os movimentos de seus pés e pernas.
4. A cadeira do visitante era posicionada de tal maneira que o visitante ficava de costas para a porta aberta.
5. Sempre que havia um subordinado em sua sala, John se sentava fazendo a catapulta e chegava mesmo a colocar uma perna sobre o braço da cadeira, às vezes as duas posições ao mesmo tempo.
6. John tinha uma cadeira giratória com espaldar alto, braços e rodízios. A cadeira do visitante era simples, sem braços, fixa e com espaldar baixo.

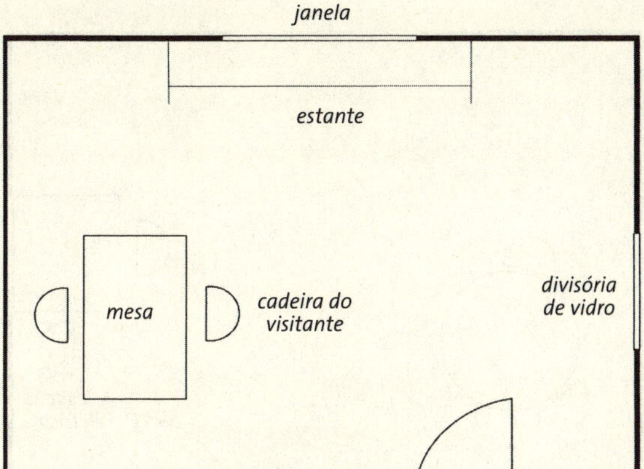

A arrumação inicial do escritório de John

Do ponto de vista da cordialidade não verbal de seu ocupante, a sala de John era um desastre. Despertava a imediata antipatia de qualquer um que entrasse nela. Para estimular a melhoria do estilo gerencial pouco amigável de John, tivemos de fazer as seguintes mudanças em sua sala:

1. A mesa de John foi colocada de frente para a divisória de vidro, o que fez com que a sala parecesse maior e ele ficasse imediatamente visível para a pessoa que entrava. Assim, os visitantes passaram a ser cumprimentados pessoalmente por ele, e não por sua mesa.
2. A cadeira do visitante foi colocada na posição de canto, tornando a comunicação mais direta e fazendo com que a quina da mesa funcionasse como uma barreira parcial para os funcionários que se sentissem inseguros.
3. A divisória de vidro foi revestida com um espelho de maneira que John pudesse ver o escritório e os outros não pudessem ver o interior da sua sala. Isto elevou o status de John, tornou o seu território mais seguro e criou um clima mais íntimo dentro da sala.
4. Uma mesa redonda com três cadeiras giratórias idênticas foi colocada no fundo da sala para as reuniões informais.

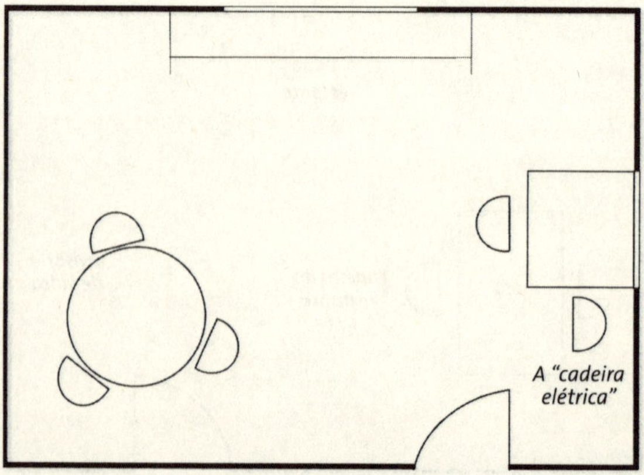

A nova arrumação da sala

5. John foi treinado para sentar-se em posições abertas, fazer o gesto do campanário e usar conscientemente as palmas das mãos para falar com as outras pessoas.

Os resultados? Relacionamento significativamente melhorado entre gerente e equipe, e alguns funcionários descrevendo John como uma pessoa tranquila e descontraída no trabalho.

Tudo o que você precisa para elevar seu status e aumentar seu poder e eficácia no relacionamento com os outros é prestar um pouco de atenção à ginástica não verbal no escritório e em casa. Infelizmente, a maior parte dos escritórios de executivos é arrumada como era originalmente o de John. Isto ocorre porque eles não são projetados por profissionais de relações interpessoais, e sim por decoradores de escritórios que raramente levam em conta os sinais não verbais negativos que podem ser comunicados inadvertidamente.

Usando essas informações, avalie a arrumação do seu local de trabalho para fazer as mudanças positivas necessárias.

Resumindo

Na política e nos jogos de poder do escritório é essencial ter consciência de que você pode planejá-los com antecedência. Adam, o homem cuja entrevista abre este capítulo, não sabia que paletós apertados, cavanhaque, brinco e a maleta abarrotada são itens que afastam inconscientemente os mais diversos tipos de pessoas. Não é de espantar que, apesar de seu currículo e do seu talento, Adam tenha sido recusado.

Capítulo 17

Juntando tudo

Quando olhamos para os outros, a maioria de nós vê as pessoas, mas deixa passar detalhes reveladores que parecem óbvios quando assinalados. A mesma coisa acontece com a linguagem corporal. A comunicação por meio da linguagem corporal acontece há milhões de anos, mas só veio a ser cientificamente estudada em alguma medida a partir de fins do século XX.

Hoje, a linguagem corporal está sendo finalmente "descoberta" e começa a fazer parte da educação formal e treinamento de negócios em todo o mundo.

Este capítulo final dedicado ao estudo de cenários sociais e profissionais lhe dará a oportunidade de saber até que ponto você absorveu as informações contidas no livro e é capaz de interpretar os sinais corporais.

Antes de ler os comentários, estude cada figura e veja quantas mensagens corporais você consegue distinguir com base no que leu. Marque um ponto para cada sinal que encontrar; o quadro ao final do capítulo o ajudará a avaliar seu desempenho. Você vai ficar surpreso de ver a melhora da sua "percepção".

Tenha sempre em mente que, embora aqui estejamos analisando gestos "congelados", eles precisam ser lidos em grupos em seu devido contexto e levando em conta as diferenças culturais.

Você sabe ler nas entrelinhas?

1. Quais são os três sinais corporais mais importantes nesta cena?

Resposta: ....

....

Este é um bom exemplo de grupo gestual denotativo de atitude aberta. O homem tem as palmas das mãos completamente expostas em posição submissa e os dedos abertos para dar mais impacto ao gesto e indicar que não é agressivo. Com todo o corpo exposto, sinal claro de que não tem nada a esconder, este homem está comunicando uma atitude aberta e não ameaçadora.

2. Quais são os cinco sinais corporais mais importantes nesta cena?

Resposta: ....

....

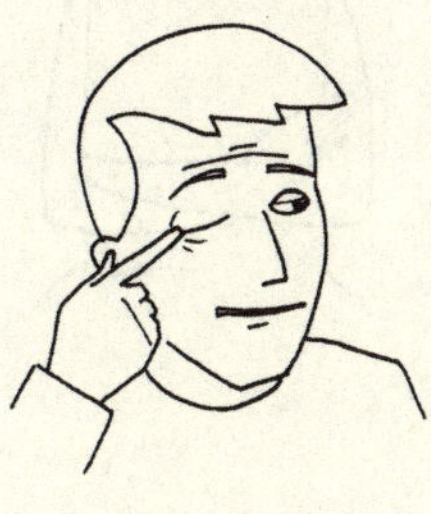

Este é um clássico grupo gestual de burla. Ao mesmo tempo que esfrega os olhos, o rapaz desvia o olhar e tem as sobrancelhas erguidas em sinal de incredulidade. A cabeça virada e ligeiramente baixa mostra uma atitude negativa. O sorriso com os lábios cerrados denota falta de sinceridade.

3. Quais são os três sinais corporais mais importantes nesta cena?

Resposta: ....

....

A incongruência dos gestos é óbvia. O homem finge um sorriso confiante enquanto olha para o outro lado da sala, mas usa a mão direita para ajustar o relógio de maneira a formar uma barreira parcial com os braços cruzados sobre o corpo. Seu sorriso é uma expressão básica de medo. Isso mostra que ele se sente inseguro de si ou da situação.

4. Quais são os cinco sinais corporais mais importantes nesta cena?

Resposta: ....

....

Esta mulher olha para alguém de um modo desaprovador. Não tem nem a cabeça nem o corpo virado para a pessoa, mas lhe dirige um olhar de lado com a cabeça ligeiramente baixa (desaprovação), as sobrancelhas levemente arqueadas para baixo (raiva), os braços firmemente cruzados (defensiva) e os cantos da boca caídos.

5. Quais são os quatro sinais corporais mais importantes nesta cena?

Resposta: ....

....

Dominação, superioridade e territorialidade são evidentes nesta imagem. A catapulta indica uma atitude superior do tipo "Eu sei tudo", e os pés sobre a mesa mostram uma atitude de afirmação territorial. Para destacar ainda mais o próprio ego, sua cadeira apresenta status elevado com rodízios, braços e outros acessórios. E, como se não bastasse, está sentado numa posição defensiva/competitiva.

6. Quais são os três sinais corporais mais importantes nesta cena?

Resposta: ....

....

O menino tem as mãos nos quadris para parecer maior e mais ameaçador. Além do queixo projetado para a frente em sinal de desafio, ele tem a boca totalmente aberta para exibir os dentes, como fazem os animais antes de atacar.

7. Quais são os cinco sinais corporais mais importantes aqui?

Resposta: ....

....

Este grupo gestual pode ser resumido numa única palavra – negativo. O sujeito usa a pasta como barreira e tem os braços e pernas cruzados em atitude de defesa ou nervosismo. O paletó abotoado e os óculos escuros ocultam quaisquer sinais dos olhos e pupilas. Considerando que as pessoas formam 90% de suas opiniões sobre os outros nos primeiros quatro minutos, é improvável que ele consiga o que quer de alguém.

8. Quais os seis sinais corporais mais importantes na cena?

Resposta: ....

....

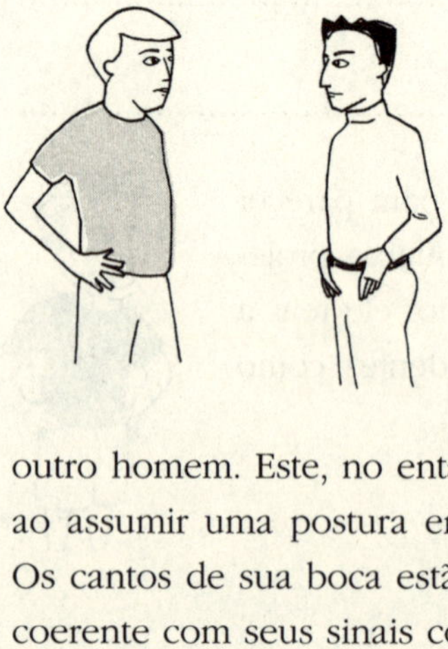

Os dois homens estão em posição de alerta, fazendo gestos agressivos – o da esquerda com as mãos nos quadris e o da direita com os polegares enfiados no cinto. O da esquerda é menos agressivo, pois tem o tronco inclinado para trás e o corpo ligeiramente desviado do outro homem. Este, no entanto, adotou uma atitude intimidativa ao assumir uma postura ereta e apontar o corpo para o outro. Os cantos de sua boca estão abaixados e sua expressão facial é coerente com seus sinais corporais.

9. Quais são os 13 sinais corporais mais importantes nesta cena?

Resposta: ....

....

....

....

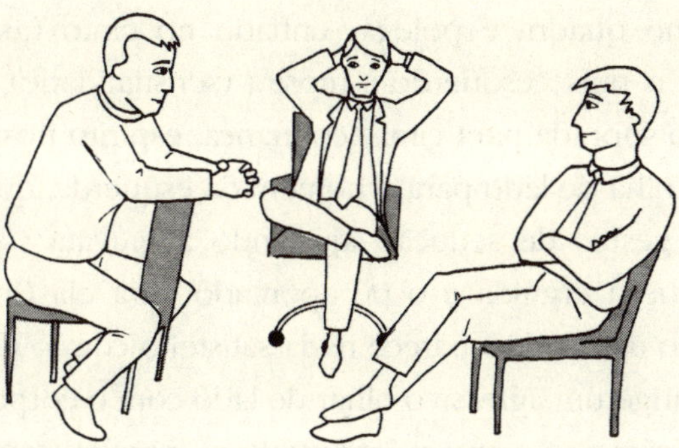

O homem da esquerda está montado na cadeira na tentativa de assumir o controle da discussão ou dominar o da direita, para o qual aponta o corpo diretamente. Os dedos entrelaçados e os pés trançados debaixo da cadeira indicam frustração, o que mostra que ele deve estar tendo dificuldade em convencer os outros. O homem do centro parece se sentir superior aos outros dois, devido ao gesto da catapulta, indicativo de que talvez seja um tipo competitivo e polêmico. Sua cadeira de braço giratória e reclinável denota um status provavelmente mais elevado. O homem da direita está sentado numa cadeira comum, sem nenhum acessório, o que não lhe dá nenhum status. As pernas e braços firmemente cruzados (defensivo), a cabeça abaixada (hostil) e o corpo virado para o lado (desinteresse) indicam que ele não está nada satisfeito com o que ouve.

10. Quais são os 14 sinais corporais mais importantes nesta cena?

Resposta: ....

....

....

A mulher exibe sinais clássicos de sedução: um pé à frente apontado para o homem da esquerda (interesse), uma combinação de mão no quadril e polegar enfiado no cinto (assertividade, presteza), o pulso esquerdo à mostra (sensualidade) e a fumaça do cigarro soprada para cima (confiança, espírito positivo). Além disso, ela olha de lado para o homem da esquerda, que responde aos seus gestos de sedução ajustando a gravata (compostura) com a cabeça erguida e o pé apontado para ela (interesse). O homem do centro não parece nada satisfeito com o da esquerda, ao qual dirige um agressivo olhar de lado com o corpo virado em outra direção e se mantém encostado na parede (territorialidade agressiva) soprando a fumaça do cigarro para baixo (negatividade) com as palmas das mãos escondidas.

11. Quais são os 12 sinais corporais mais importantes nesta cena?

Resposta: ....

....

....

O homem da esquerda faz gestos de superioridade e usa uma atitude arrogante para com o homem sentado à sua frente: além de fazer menção de fechar os olhos para tirá-lo da vista, tem a cabeça inclinada para trás como se o olhasse "por cima do nariz". Sua atitude defensiva é também evidenciada pelo fato de ter os joelhos firmemente unidos e por estar segurando seu copo de bebida com as duas mãos, formando uma barreira. O homem do meio foi excluído da conversa pelos outros dois, que não formaram um triângulo para incluí-lo. Ele, no entanto, parece não se importar, porque tem os polegares enfiados no bolso do colete (superioridade) e está recostado na cadeira expondo a genitália (masculinidade). O homem da direita já ouviu o suficiente: assumiu a posição de largada (prestes a se retirar) e tem o pé e o corpo apontados na direção da saída mais próxima. Suas sobrancelhas e os cantos da boca virados para baixo, além da cabeça ligeiramente abaixada, revelam desaprovação.

12. Quais são os 11 sinais corporais mais importantes nesta cena?

Resposta: ....

....

....

O homem da esquerda e o da direita mantêm posições corporais fechadas. A atitude do homem do centro denota superioridade e sarcasmo devido à mão na lapela com o polegar virado para cima (superioridade) e o polegar da outra mão apontado para o homem da direita (menosprezo). Este responde de maneira ao mesmo tempo defensiva, cruzando as pernas, e agressiva, segurando o antebraço atrás das costas (autocontrole) e olhando-o de lado. O homem da esquerda, por sua vez, não parece estar nem aí para a atitude do homem do centro, pois permanece olhando para o chão com a mão no pescoço, a perna cruzada (atitude defensiva) e a mão no bolso (recusa em participar).

13. Quais são os 12 sinais corporais mais importantes nesta cena?

Resposta: ....

....

....

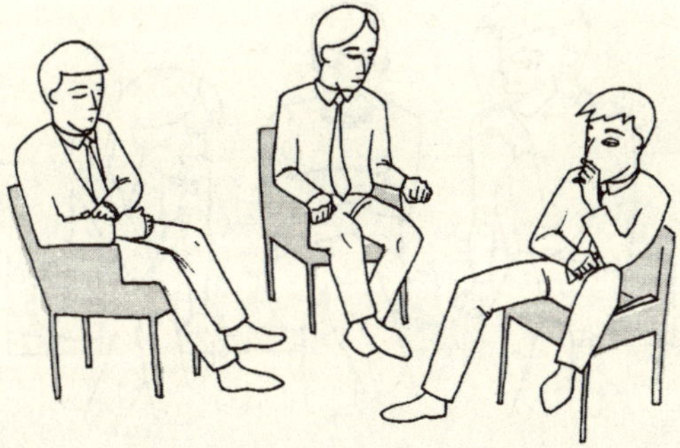

Esta imagem também mostra uma atmosfera tensa. Os três homens estão recostados em suas cadeiras para manter o máximo de distância entre eles. O grupo gestual negativo do homem da direita indica que ele deve estar causando problemas: ele fala tocando o nariz (burla) e tem o braço direito cruzado sobre o abdome para formar uma barreira parcial (atitude defensiva). Sua falta de interesse pelas opiniões dos outros dois é evidenciada pela perna sobre o braço da cadeira, a genitália exposta e o corpo virado em outra direção. O homem da esquerda, que puxa um fiapo do braço do paletó (desaprovação) e tem as pernas cruzadas (atitude defensiva) e voltadas em outra direção (desinteresse), parece discordar do que diz o da direita. O homem do centro gostaria de dizer alguma coisa, mas está guardando sua opinião, como demonstram os gestos contidos de agarrar o braço da cadeira e trançar os tornozelos. Seu corpo apontado para o homem da direita indica que ele o está desafiando.

14. Quais são os oito sinais corporais mais importantes aqui?

Resposta: ....

....

....

O homem da esquerda e a mulher espelham seus respectivos gestos. Parecem interessados um no outro, pois estão se apontando com as pernas cruzadas e têm as mãos posicionadas de maneira a exibir os pulsos. O homem do centro sorri com os lábios cerrados parecendo interessado no que o outro tem a dizer, o que é contraditório com seus gestos. A cabeça baixa (desaprovação), os cantos da boca caídos (raiva), o olhar de lado e as pernas e braços cruzados (defensiva) indicam uma atitude negativa.

15. Quais os 15 sinais corporais mais importantes nesta cena?

Resposta: ....

....

....

....

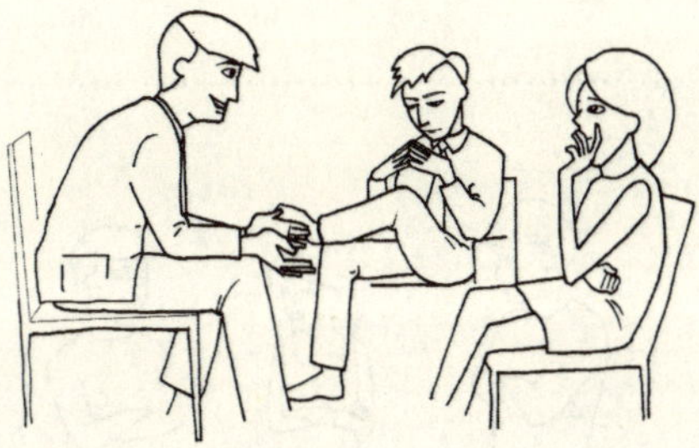

O homem da esquerda usa um grupo gestual que transmite franqueza e honestidade – mãos espalmadas, pé à frente, cabeça levantada, paletó desabotoado, pernas e braços afastados, tronco inclinado para a frente e sorriso nos lábios. Infelizmente para ele, sua história parece não estar colando. A mulher está recostada na cadeira com as pernas cruzadas em outra direção (espírito defensivo), o punho cerrado (tensão), a cabeça abaixada e gestos de avaliação crítica (mão no rosto). As mãos em campanário mostram que o homem do centro tem uma atitude de confiança ou presunção, e suas pernas cruzadas no “4 americano” denotam uma disposição competitiva e polêmica. Podemos supor que sua atitude global é negativa, pois está recostado na cadeira com a cabeça abaixada.

As três cenas seguintes contêm atitudes tipicamente defensivas, agressivas e grupos gestuais de sedução.

16.a Quais são os nove sinais corporais mais importantes nesta cena?

Resposta: ....

....

....

O início da conversa

Nesta primeira cena, as três pessoas estão com os braços cruzados, duas têm as pernas cruzadas (espírito defensivo) e todas têm o corpo voltado em outra direção que não a de seus interlocutores. Tudo indica que acabaram de se conhecer. O homem da direita parece interessado na mulher porque tem o pé apontado na sua direção e olha para ela de lado com um sorriso nos lábios, as sobrancelhas levantadas (interesse) e o tronco inclinado. Ela, por sua vez, até aqui se mantém fechada para os dois homens.

16.b Quais são os 11 sinais corporais mais importantes nesta cena?

Resposta: ....

....

....

Cinco minutos depois

A mulher descruzou a perna e está agora em posição de sentido, e o homem da esquerda também descruzou a perna, apontou um dos pés (interesse) e inclinou o tronco na direção dela. O polegar enfiado no cinto pode estar dirigido ao outro homem, como sinal de competitividade, e neste caso se trata de um gesto agressivo, ou à mulher, como sinal de interesse sexual. O tronco ereto indica que ele quer parecer maior. O homem da direita parece intimidado pelo outro, como se vê por sua postura agora mais ereta, pelos braços cruzados e pelo fato de estar olhando de lado para ele, sem sorrir e com as sobrancelhas abaixadas (desaprovação).

16.c Quais são os 15 sinais corporais mais importantes nesta cena?

Resposta: ....

....

....

....

Quinze minutos depois

As atitudes e emoções dessas pessoas estão agora claramente evidenciadas por sua linguagem corporal. O homem da esquerda mantém o polegar no cinto e o pé à frente e virou ainda mais o corpo na direção da mulher. Para completar a corte não verbal, ele apruma o corpo e agarra fortemente o cinto com os polegares para tornar o gesto mais perceptível. A mulher responde com seus próprios sinais de sedução, mostrando estar interessada em se envolver com ele: braços descruzados, corpo virado e um pé apontado em sua direção. Seu arsenal de sedução inclui ainda tocar o cabelo, expor os pulsos, encher o peito para mostrar o sulco entre os seios, fazer expressões faciais positivas e soprar a fumaça do cigarro para cima (confiança). O homem da direita, visivelmente aborrecido por ter sido excluído, põe as mãos nos quadris (iminência de agressão) e expõe a genitália para mostrar seu desagrado.

Em resumo, o homem da esquerda conquistou a atenção da mulher. Quanto ao outro… é melhor ir cantar de galo noutra freguesia.

Quantos pontos você fez?

130 – 150 pontos

Você é o rei da intuição! Um comunicador extremamente eficaz e permanentemente atento aos sentimentos alheios. É um dos primeiros da turma!

100 – 130 pontos

Você sabe lidar com as pessoas e tem uma boa percepção para o que acontece à sua volta. Com perseverança e um pouco de prática, você pode se tornar um exímio comunicador.

70 – 100 pontos

Algumas vezes você saca rapidamente o que as pessoas sentem em relação às coisas e aos outros, mas outras vezes você só percebe vários dias depois. Precisa treinar com afinco a linguagem corporal.

70 ou menos

Você leu este livro inteiro e não conseguiu fazer nem 70 pontos? Não desanime! Volte ao início e leia o livro outra vez. E procure ficar atento à sua própria linguagem corporal.

Resumindo

Pesquisas recentes mostram de maneira convincente que mudando a sua linguagem corporal você pode mudar muitas coisas em sua vida. Pode mudar o humor antes de sair de casa, pode se sentir mais confiante no trabalho e pode se tornar mais simpático, convincente e persuasivo. Mudando a sua linguagem corporal, você interagirá de outro modo com as pessoas à sua volta, e elas, por sua vez, reagirão de outra forma à sua presença.

Quando começar a se dar conta de sua linguagem corporal, você provavelmente sentirá um pouco de desconforto e um certo constrangimento. Tomará consciência de quase todas as suas expressões faciais, ficará surpreso com o tamanho da sua coleção de gestos, com o tempo que passa mexendo em objetos e se sentirá como se todo mundo ao redor estivesse olhando para você e descobrindo seus sentimentos e intenções. Mas não se preocupe: lembre-se de que em geral as pessoas ignoram totalmente seus próprios movimentos corporais e estão tão ocupadas em tentar impressionar os outros que não percebem o que o próprio corpo está fazendo. Se você passou a vida inteira com as mãos nos bolsos, ou de mãos dadas com você mesmo, olhando para o outro lado, pode parecer estranho de início espalmar conscientemente as próprias mãos e sustentar o contato olho no olho.

Talvez você se pergunte: "Como é possível observar a linguagem corporal de outras pessoas e prestar atenção ao que elas estão dizendo e ao mesmo tempo pensar na minha própria linguagem corporal?" Lembre-se de que o seu cérebro já está programado para ler uma grande quantidade de sinais da linguagem corporal. Tudo o que você tem a fazer é aprender a observá-los conscientemente. É como aprender a andar de bicicleta – dá um pouco de medo no início, talvez você caia de vez em quando, mas em pouco tempo estará pedalando como um ciclista profissional.

Algumas pessoas talvez pensem que aprender técnicas de linguagem corporal é manipulação e falsidade. Ora, conhecer e aplicar a linguagem corporal não é diferente de vestir certas roupas, de usar certos tipos de linguagem. A diferença é que, tendo consciência de suas ações, você causará melhor impressão nas outras pessoas. Se você é homem, lembre-se de que as mulheres leem e decodificam continuamente os seus gestos, quer você perceba ou não. Aprender como isto é feito pode, portanto, colocá-lo em pé de igualdade com elas. Não tenha dúvida: conhecer-se melhor e conhecer melhor os outros é sempre uma forma de controlar a própria vida e de lidar com as pessoas com mais inteligência. Relacionar-se bem consigo mesmo e com os outros é sempre fator de maior felicidade.

Para terminar, eis aqui um resumo dos pontos mais importantes da linguagem corporal para causar uma boa impressão:

Os sete segredos da linguagem corporal atraente

Rosto: Tenha uma expressão viva e faça do sorriso um item permanente de seu repertório. Não hesite em mostrar os dentes.

Gestos: Seja expressivo, mas não exagere. Quando gesticular, mantenha os dedos unidos, as mãos abaixo da linha do queixo e as pernas e braços descruzados.

Cabeça: Mova a cabeça três vezes em sinal de assentimento ao falar e incline-a ao ouvir. Mantenha o queixo levantado.

Olho no olho: Use uma quantidade de contato visual que faça as pessoas se sentirem à vontade. Exceto em lugares onde olhar os outros é culturalmente inconveniente, quem olha conquista mais credibilidade do que quem não olha.

Postura: Incline-se para a frente ao ouvir e mantenha-se ereto ao falar.

Território: Chegue tão perto quanto possível sem ser incômodo. Se a outra pessoa der um passo atrás, não se aproxime novamente.

Espelhamento: Espelhe sutilmente a linguagem corporal dos outros.

Conheça-se, divirta-se e seja feliz! Foi para isso que realizamos nosso trabalho.

CONHEÇA ALGUNS DESTAQUES DE NOSSO CATÁLOGO

- Augusto Cury: Você é insubstituível (2,8 milhões de livros vendidos), Nunca desista de seus sonhos (2,7 milhões de livros vendidos) e O médico da emoção
- Dale Carnegie: Como fazer amigos e influenciar pessoas (16 milhões de livros vendidos) e Como evitar preocupações e começar a viver
- Brené Brown: A coragem de ser imperfeito – Como aceitar a própria vulnerabilidade e vencer a vergonha (600 mil livros vendidos)
- T. Harv Eker: Os segredos da mente milionária (2 milhões de livros vendidos)
- Gustavo Cerbasi: Casais inteligentes enriquecem juntos (1,2 milhão de livros vendidos) e Como organizar sua vida financeira
- Greg McKeown: Essencialismo – A disciplinada busca por menos (400 mil livros vendidos) e Sem esforço – Torne mais fácil o que é mais importante
- Haemin Sunim: As coisas que você só vê quando desacelera (450 mil livros vendidos) e Amor pelas coisas imperfeitas
- Ana Claudia Quintana Arantes: A morte é um dia que vale a pena viver (400 mil livros vendidos) e Pra vida toda valer a pena viver
- Ichiro Kishimi e Fumitake Koga: A coragem de não agradar – Como se libertar da opinião dos outros (200 mil livros vendidos)
- Simon Sinek: Comece pelo porquê (200 mil livros vendidos) e O jogo infinito
- Robert B. Cialdini: As armas da persuasão (350 mil livros vendidos)
- Eckhart Tolle: O poder do agora (1,2 milhão de livros vendidos)
- Edith Eva Eger: A bailarina de Auschwitz (600 mil livros vendidos)
- Cristina Núñez Pereira e Rafael R. Valcárcel: Emocionário – Um guia lúdico para lidar com as emoções (800 mil livros vendidos)
- Nizan Guanaes e Arthur Guerra: Você aguenta ser feliz? – Como cuidar da saúde mental e física para ter qualidade de vida
- Suhas Kshirsagar: Mude seus horários, mude sua vida – Como usar o relógio biológico para perder peso, reduzir o estresse e ter mais saúde e energia